前言

FOREWORD

在人生的旅途中，家庭始终是我们最温暖的港湾，是心灵栖息的归宿。然而，在现实的家庭生活中，却常常会出现各种矛盾与纷争，打破了生活的宁静与和谐，家庭内耗便悄然滋生。本书旨在深入探讨家庭内耗的根源，分析其原因，并寻找其有效的解决办法，让每个家庭都能重拾幸福与温馨。

顾名思义，家庭内耗是指在家庭内部产生的无谓消耗与摩擦。它可能源于控制欲的过度膨胀，让家庭成员之间失去信任与尊重；也可能源于无休止的抱怨，让家庭氛围变得沉重与压抑；还可能源于持续的冷战，让亲情在沉默中逐渐消磨。这些内耗现象不仅损害了家庭成员之间的关系，更让家庭的幸福与和谐大打折扣。

那么，家庭内耗的根源究竟何在？细细究来，不难发现，其实很多时候问题都出在我们自己的身上。我们或许太过执着于自己的观念与想法，而忽视了家人的感受与需求；我们或许太过于敏感与多疑，将家人的无意之举解读为恶意攻击；我们或许太过于懦弱与逃避，不愿面对家庭中的问题与挑战……正是这些不良的行为与心态，使家庭内耗滋生与蔓延。

前言 | FOREWORD

为了摆脱家庭内耗，我们需要从自身做起，改掉那些坏的行为习惯，培养健康的心态与行为模式。我们要学会尊重与理解家人，用包容的心态去面对彼此的差异与不足；我们要学会沟通与表达，用真诚的话语去化解误会与矛盾；我们要学会关爱与支持，用实际行动去传递温暖与力量。

在本书中，我们将通过一系列古今中外真实的小故事，让读者更加直观地了解家庭内耗的危害，并从中汲取智慧与力量。这些故事或感人至深，或发人深省，都蕴含着深刻的道理与启示。我们相信，在阅读这些故事的过程中，读者一定能够找到自己的影子，从而深刻地认识到自己的问题所在，并下定决心做出改变。

让我们一起努力，拒绝家庭内耗，让家庭成为我们真正的避风港，让幸福与和谐永远伴随在我们的身边。

CONTENTS 目 录

目录 CONTENTS

CONTENTS 目录

第一章

和睦家庭的根源

夫妻之间要有效沟通

在家庭这个温馨的港湾中，夫妻之间的关系无疑是最为核心和关键的。一个和睦的家庭，离不开夫妻双方的共同努力和悉心经营。其中，有效沟通作为夫妻关系中的重要一环，对于家庭的和谐稳定起着至关重要的作用。本文将深入探讨夫妻之间有效沟通的重要性，并通过具体事例分析因沟通不畅所引发的误会，阐述有效沟通是如何让家庭更加和睦的。

一、有效沟通的重要性

有效沟通是指夫妻双方能够坦诚、真实地表达自己的想法和感受，同时倾听并理解对方的观点和需求。这种沟通方式有助于增进夫妻之间的了解和信任，减少误解和冲突，从而营造更加和谐的家庭氛围。

在家庭生活中，夫妻之间常常会因为琐事产生分歧和争执。如果缺乏有效的沟通，这些分歧和争执很容易升级为更大的矛盾，甚至导致家庭破裂。相反，如果夫妻双方能够坦诚地交流彼此的想法和感受，共同寻找解决问题的方法，那么这些分歧和争执就能够在和谐的氛围中得到解决。

二、沟通不畅引起的误会

沟通不畅是夫妻关系中常见的问题之一。当夫妻双方无法有效地表达自己的需求和想法时，就容易产生误会和猜疑。这些误会和猜疑会像一根根无形的刺，扎在夫妻双方的心里，逐渐侵蚀着彼此的感情。

李明和王慧是一对年轻夫妻，两人都在繁华的都市中奋斗，忙于工作成了他们生活的常态。随着时间的推移，两人之间的交流越来越少。

一天晚上，王慧终于鼓起勇气，对李明说："你每天都这么晚回来，能不能多陪陪我？"李明听后，显得有些无奈："你以为我不想陪你吗？我每天工作这么辛苦，都是为了这个家。"

王慧听后，心里一酸："我知道你辛苦，但我也需要你的陪伴。我们之间的交流越来越少了。"听了王慧的话，李明却认为王慧不理解自己，不悦地说："你应该知道我的压力有多大，为什么就不能体谅一下我呢？"

两人之间的误会越来越深，终于，在一次小争执中，双方的情绪都达到了顶点。王慧含泪喊道："你根本就不在乎我！"李明也激动地回击："你怎么能这么说？！我为了这个家付出了多少！"

这个事例告诉我们，沟通不畅会导致误会的产生，而误会又会进一步加剧夫妻之间的矛盾。

三、如何做到有效沟通

要实现夫妻之间的有效沟通，需要双方共同努力。以下是一些实践建议。

坦诚表达：夫妻双方应该坦诚地表达自己的想法和感受，不要隐瞒或压抑自己的真实情感。双方只有真诚地交流，才能让彼此更加了解对方的内心世界。

倾听理解：在沟通过程中，夫妻双方应该耐心倾听对方的观点和需求，并尝试理解对方的立场和感受。不要急于打断对方或强加自己的意见，而是要给予对方充分的表达空间。

避免争执：当双方出现分歧时，要避免争执和攻击对方。可以尝试用平静的语气表达自己的观点，并寻找共同的解决方案。如果争执无法避免，也要保持冷静和理智，不要让情绪失控。

共同成长：夫妻双方应该共同努力，提升自己的沟通能力，学习如何更好地表达自己的需求和想法，以及如何更好地倾听和理解对方。

定期交流：为了使夫妻之间能够良好地沟通，可以定期安排交流时间。例如，每周或每月安排一次专门的谈话时间，讨论彼此的生活、工作和感受。这样可以让双方更加了解彼此的生活状态和情感需求。

四、有效沟通让家庭更和睦

有效沟通不仅能够解决夫妻之间的分歧和争执，还能够增进彼此的了解和信任，从而让家庭更加和睦。当夫妻双方能够坦诚地交流彼此的想法和感受时，他

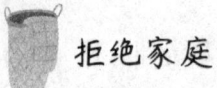

拒绝家庭内耗

们就能够更好地理解对方的需求和期望，从而更加贴心地关怀对方。

小张和小林是一对恩爱夫妻，但随着时间的推移，他们发现彼此对家庭生活的期望有所不同。妻子小林总是梦想着拥有一个温馨浪漫的家，而小张则更注重实用和节俭，不想把钱花在一些不实用的物件上。

一天晚上，两人坐在沙发上，小林轻声说："我希望我们的家能更有情调一些，多一些温馨和浪漫。"小张听后，思考片刻道："我明白你的想法，但我们现在用钱的地方太多，不能把钱都用来买一些不实用的东西。不过，我们可以试着结合一下。"

于是，他们开始共同策划如何改造自己的小家。在他们的相互商量、相互配合下，他们的家变得既实用，又充满浪漫气息。每当朋友来访，都羡慕不已。每当这时，小张和小林就会相视一笑，心中充满了满足和幸福。

这个事例告诉我们，有效沟通能够让夫妻双方更加了解彼此的需求和期望，从而共同创造一个和睦的家庭环境。

智慧谏言

夫妻之间的有效沟通是构建和睦家庭的桥梁。通过坦诚表达、倾听理解、避免争执、共同成长和定期交流等实践方法，夫妻双方可以更加有效地沟通。当沟通畅通无阻时，夫妻之间的误解和矛盾就会减少，而理解和信任则会增加。这样，家庭就能够成为一个充满爱与温暖的港湾。

尊重是家庭的基石

在家庭这个温馨的港湾中，爱与理解是筑造家庭的砖瓦，而其中最坚实的基石莫过于尊重。尊重如同家庭之舟的舵，引领着每个成员在生活的海洋中平稳前行，它是维系夫妻关系、促进家庭和谐不可或缺的力量。本文将从理论探讨与具体事例两个方面，深入阐述尊重在家庭中，尤其在夫妻之间中的核心地位。

一、尊重为何是家庭的基石

尊重是有效沟通的前提。在家庭中，夫妻间若能相互尊重，便能在遇到分歧时以开放的心态，倾听对方的意见，而非急于反驳。这种基于尊重的交流有助于增进彼此的理解，减少误解和冲突，为解决问题奠定良好的基础。

苏轼才华横溢，但偶尔也会因自负而忽略细节。他的妻子王弗则聪明贤惠，常在苏轼背后默默提醒，帮助他避免了许多不必要的麻烦。苏轼对王弗的尊重与感激体现在他的诗词中，如"十年生死两茫茫，不思量，自难忘"，展现了夫妻间的深厚情感与相互尊重的美好。

尊重能够加深夫妻间的信任。当一个人感受到被伴侣尊重时，会更愿意与对方分享自己的想法、感受和梦想，这种深度的情感交流是建立深厚依赖感的基石。信任与依赖是维持家庭稳固的两大支柱。

美国前总统贝拉克·侯赛因·奥巴马与夫人米歇尔·拉沃恩·奥巴马的故事，是当代夫妻相互尊重的典范。在奥巴马的政治生涯中，米歇尔不仅是他的伴侣，更是他重要的顾问和支持者。奥巴马多次公开表达对米歇尔智慧与能力的赞赏，而米歇尔也始终以自己的方式影响着奥巴马，鼓励他关注女性权益、教育等问题。他们的关系证明了在平等与尊重的基础上，伴侣可以共同成长，成就对方非凡的事业。

尊重促进了家庭成员间价值观的融合。在相互尊重的氛围中，夫妻更容易就家庭目标、教育方式、生活方式等达成共识，形成共同的价值观体系，这是家庭团结与进步的内在动力。

有一位丈夫在社交媒体上分享，每当他工作到深夜回家时，无论多晚，妻子总会为他留一盏灯，准备一杯热牛奶，这份无声的尊重与关怀让他深深感受到了家的温暖。同样，也有妻子讲述，丈夫尽管不善言辞，但总能在她需要时给予最坚定的支持，尊重她的每一个决定，这种默契与尊重，让他们的婚姻生活充满了幸福。

父母之间的相互尊重是对孩子最直接、最有效的教育。它教会孩子如何以平等、友善的态度对待他人，为孩子未来的人际关系模式打下健康的基础。

二、如何在家庭中培养尊重

倾听与表达：主动倾听对方的想法，用"我感觉……"而非"你总是……"的方式表达自己的观点，减少指责，增加理解。

共同决策：在家庭重大事务上，鼓励夫妻双方共同参与决策，体现平等与尊重。

认可与鼓励：经常给予对方正面的反馈，认可其努力与成就，增强彼此的信心与幸福感。

设立界限：尊重彼此的个人空间与兴趣，理解并接受对方的不同，是成熟爱情的表现。

持续学习：夫妻关系是一场漫长的学习之旅，通过阅读、咨询或参加工作坊，不断学习如何更好地尊重与理解对方。

尊重作为家庭的基石，不仅关乎夫妻关系的和谐，更影响着整个家庭的氛围。通过日常的点滴实践，我们可以让尊重成为家庭文化的一部分，让爱在这样的环境中生根发芽，茁壮成长。

经营家庭需要以尊重为基础。夫妻间应多倾听理解，以开放的心态交流，减少误解与冲突；相互信任依赖，共享想法与梦想，深化情感纽带。共同决策，融合价值观，促进家庭团结进步。父母尊重彼此，为孩子树立平等、友善的榜样。学会倾听和表达，认可鼓励，设立界限，持续学习，方能共筑温馨港湾。家之和谐，始于尊重，成于爱意，绵延幸福于日常。

家庭成员需互相关爱

家庭成员间的互相关爱如同一股温暖的春风，为婚姻生活注入了无尽的活力与色彩。这种关爱不仅增进了夫妻间的情感联系，使夫妻双方在共同面对生活中的风雨时，能够手牵手、心连心，共同抵御外界风雨的侵袭，更能在无形中提升家庭的整体幸福感。当每一个家庭成员都能感受到来自其他成员的关爱与支持时，那种由衷的满足与幸福感便会油然而生，使得家庭成为每个人心中最温暖的港湾。

此外，家庭成员间互相关爱能营造良好的家庭氛围。父母之间的恩爱以及他们对子女的关爱，如同阳光雨露般滋润着子女的心田，让他们在充满爱的氛围中茁壮成长。这样的家庭环境不仅有助于培养子女健康的人格和积极的情感态度，更有利于他们形成健康的交往模式，拥有幸福的生活。

夫妻间互相关爱是婚姻中不可或缺的要素，它如同婚姻的润滑剂，使得夫妻关系更加和谐融洽，家庭氛围更加温馨幸福。因此，我们应该珍视这份关爱，用心去呵护它，让它在婚姻的土壤中生根发芽，绽放出绚烂的花朵。

拒绝家庭内耗

一、用关爱传递温暖

张家是一个普通的双职工家庭。父亲张伟是一名程序员，母亲李娜则是一位教师。尽管工作忙碌，但他们始终将家庭放在首位，用实际行动诠释着互相关爱的真谛。

一次，张伟因项目紧急，连续加班多日，身心俱疲。李娜看在眼里，疼在心里。她不仅默默承担起了家中的所有家务，还特意为张伟准备了营养丰富的晚餐，并在他回家后给予温柔的按摩，表达自己对丈夫的关心。张伟深受感动，也更加珍惜妻子的付出，两人在相互扶持中共同面对生活的挑战。

夫妻间的互相关爱如同家庭的润滑剂，能够缓解外部压力，增强内部凝聚力。当一方遇到困难时，另一方的支持与理解就像一盏明灯，照亮前行的道路，让家庭成为真正的避风港。

钱锺书与杨绛这对文坛伉俪，用他们的一生诠释了何为"执子之手，与子偕老"。在动荡的年代里，他们相濡以沫，共同经历了生活的风风雨雨。

钱锺书先生性格直率，有时不拘小节，而杨绛性格温柔细腻，善于持家。两人性格互补，相互包容。在钱锺书撰写《围城》期间，杨绛不仅承担起了家庭的重担，还成为丈夫精神上的支柱。她默默支持钱锺书的文学创作，甚至在经济拮据时，变卖自己的首饰以补贴家用。这份深情厚谊，让钱锺书得以全身心地投入文学创作中，最终成就了这部传世之作。

钱锺书与杨绛的故事是夫妻间互相关爱的经典范例。他们的爱情超越了物质与时间的限制，成为后人传颂的佳话。在他们身上，我们看到了夫妻间相互扶持、共同成长的力量，这种力量是家庭幸福的重要基石。

二、互相关爱不可或缺

夫妻作为家庭的核心，其关系的好坏直接影响着整个家庭的氛围。互相关爱不仅是夫妻间情感的表达，更是家庭和谐与稳定的基石。

情感交流的基础：夫妻间的互相关爱促进了情感的交流与深化。通过日常的关心、倾听与分享，夫妻能够更好地理解彼此的需求与感受，从而建立更加紧密的情感联系。

共同面对挑战的勇气：生活中难免会遇到各种挑战与困难。夫妻间的互相关爱能够给予双方面对困境的勇气与力量。在相互的支持与鼓励下，夫妻能够携手共渡难关，共同创造美好的未来。

对孩子成长的积极影响：夫妻间的互相关爱为孩子提供了一个温馨、和谐的家庭环境，这种环境有利于孩子的健康成长与全面发展。孩子在这样的家庭中能够学会如何去爱，如何去尊重他人，从而成长为有爱心、有责任感的人。

家庭文化的传承：夫妻间的互相关爱还体现在对家庭文化的传承上。通过共同的价值观、生活习惯与行为准则，夫妻能够引导家庭成员形成积极向上的家庭氛围，让家庭成为传承爱与智慧的殿堂。

　　家庭成员间的互相关爱，尤其是夫妻之间的深厚情感，是家庭幸福与和谐的源泉。它不仅能够促进家庭内部的紧密连接与家庭成员的共同成长，还能为孩子提供一个充满爱与关怀的成长环境。因此，在家庭中，我们应该珍惜彼此，相互关爱，用爱与智慧编织出幸福的生活。

拥有共同的时间

　　在家庭这一温馨又复杂的港湾中，夫妻关系无疑是其稳固与和谐的基石。在众多维系婚姻的要素中，共同的时间显得尤为重要，它不仅是情感交流的载体，更是彼此理解与支持的源泉。本文旨在探讨夫妻间拥有共同时间的重要性，并通过两个生动的故事进一步阐述这一观点。

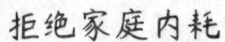

一、共同时间是情感的润滑剂

在快节奏的现代生活中，夫妻双方往往因为工作、社交和个人兴趣等，各自忙碌，导致共处的时间大幅减少。然而，正是这些看似平凡的共处时刻构成了夫妻关系中最宝贵的财富。共同的时间不仅能够加深双方的情感联系，还能促进相互理解和支持，使婚姻生活更加和谐美满。当夫妻双方愿意为彼此腾出时间，共同参与活动、分享日常时，他们便是在为这段关系注入源源不断的活力与温暖。

比尔·盖茨与梅琳达·盖茨这对科技巨擘与慈善先锋的夫妻，不仅在商业领域携手共进，更在公益事业上并肩作战，展现了夫妻间拥有共同时间的深远意义。

作为微软公司的创始人，比尔·盖茨在科技界享有盛誉。他与妻子梅琳达共同创立的比尔及梅琳达·盖茨基金会，让他们在全球慈善领域同样留下了深刻的印记。据基金会官网及多家权威媒体报道，这对夫妻将大量时间和精力投入基金会的运营中，共同致力于解决全球卫生、教育以及贫困等紧迫问题。

他们不仅一起出席各类慈善活动，还亲自参与项目的规划与实施，确保每一笔捐款都能发挥最大效益。从抗击埃博拉病毒到推动全球疫苗接种，从支持教育创新到促进性别平等，比尔与梅琳达始终携手同行，用实际行动践行着他们的慈善理念。

比尔·盖茨与梅琳达·盖茨夫妇的故事，让我们深刻认识到夫妻间拥有共同时间的重要性。当双方共同投入有意义的事业中时，不仅能增进彼此的感情，还能对社会形成积极的影响。他们的慈善事业不仅改变了无数人的命运，也为我们树立了夫妻携手共进的典范。在婚姻中，找到并珍惜共同的时间是维系感情、实现共同价值的关键。

二、共同时间让婚姻更牢固

通过比尔·盖茨夫妇的事例，我们不难发现，共同的时间对于夫妻关系而言具有不可替代的价值。

增进了解与信任：在共同度过的时光里，夫妻双方可以更加深入地了解对方的喜好、习惯乃至内心世界，这种了解是建立在信任基础上的。

促进情感交流：面对面的交流远比任何形式的间接沟通更能传达情感，共同的时间为夫妻提供了表达爱意、分享快乐与分担烦恼的机会。

提高团队协作能力：无论是处理家庭事务还是面对外部挑战，共同经历能够培养夫妻间的默契与协作精神，使他们成为更加坚固的团队。

创造美好回忆：共同度过的每一个瞬间都是夫妻双方的宝贵记忆，这些记忆如同纽带，将两人紧紧相连，即便面对困难，也能从中汲取力量。

在忙碌的生活中，夫妻双方应创造机会，参与彼此的世界。共同的时间能增进夫妻双方的了解与信任，促进情感交流，使夫妻在平凡的日子里找到不平凡的意义。夫妻间的共同时间像一座桥梁，连接着两颗心，让彼此在相互支持与理解中共同成长。通过共同经历，夫妻能培养彼此的默契与协作精神，成为一个坚不可摧的团队。因此，让我们珍惜与伴侣共度的每一刻，用爱与陪伴书写美好篇章。

相互包容和理解

夫妻关系作为家庭的核心，承载着无尽的情感与责任。在这漫长而又细腻的相处过程中，相互包容与理解成了维系婚姻、促进家庭和谐不可或缺的要素。当夫妻间充满包容和理解时，他们的情感联系会更加紧密，彼此间的隔阂与误解会逐渐消散。这种氛围促进了家庭和谐，使家成为每个人心中最温暖的港湾。在这

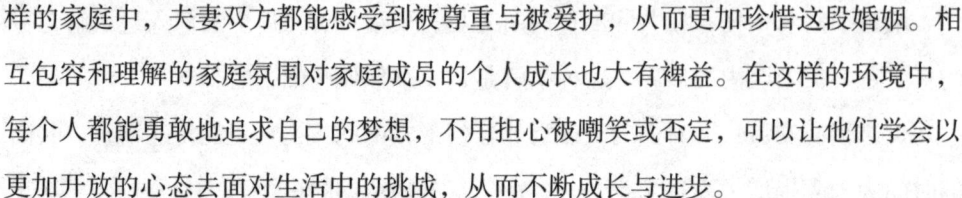

样的家庭中，夫妻双方都能感受到被尊重与被爱护，从而更加珍惜这段婚姻。相互包容和理解的家庭氛围对家庭成员的个人成长也大有裨益。在这样的环境中，每个人都能勇敢地追求自己的梦想，不用担心被嘲笑或否定，可以让他们学会以更加开放的心态去面对生活中的挑战，从而不断成长与进步。

一、包容与理解：婚姻的基石

婚姻是两个独立个体基于爱情与承诺的结合，但随之而来的是生活习惯、性格差异、价值观碰撞等现实问题。在这些差异面前，相互包容与理解成了化解矛盾、增进情感的关键。包容意味着接纳对方的不完美，尊重对方的个性与选择；理解则是站在对方的角度思考问题，感受对方的内心世界。这两者相辅相成，共同构建了婚姻的稳固基石。

张强来自北方，性格直爽，喜欢热闹；李娜则是典型的南方人，温婉细腻，偏爱安静。婚后，两人在饮食习惯、节日庆祝等方面频繁产生分歧。有一年春节，张强坚持按北方习俗包饺子，李娜则想准备家乡的年糕。面对这一冲突，他们没有争执，而是决定一起尝试制作对方家乡的食物，同时分享各自的文化背景。这个过程不仅让他们体验到了不同的文化魅力，更重要的是，通过相互包容与理解，他们学会了欣赏对方的差异，加深了彼此的情感联系。

婚姻中，夫妻双方的文化差异或习惯不同，并非不可逾越的鸿沟，相反，如果处理得好，还能够成为增进彼此了解、促进双方融合的契机。当夫妻双方愿意以开放的心态去接纳对方的不同，并尝试站在对方的角度理解其行为背后的文化意义时，婚姻生活便会变得更加丰富多彩。

林语堂是中国现代著名文学家，其婚姻生活同样充满了包容与理解的智慧。林语堂与廖翠凤的结合起初并不被外界看好，因为廖家富贵而林家贫寒。但廖翠凤不顾一切，毅然嫁给了林语堂。婚后，面对生活的艰辛与社会的偏见，两人始终相濡以沫，相互扶持。林语堂在文学创作上遇到挫折时，廖翠凤总是给予丈夫鼓励与支持；而当廖翠凤身体不适时，林语堂更是悉心照料，不离不弃。他们的爱情，在相互的包容与理解中显得愈发坚固。

林语堂曾说："我把我和翠凤的婚姻比作旧式婚姻，因为它是由父母之命、媒妁之言促成的。但我又说它是新式的，因为我们彼此尊重，相互爱慕，从未有过丝毫勉强的意思。"这段话深刻地揭示了他们婚姻幸福的秘诀——在顺境中彼此理解，在逆境中相互包容，他们共同书写了一段跨越时代的爱情佳话。

通过上面的两个事例，我们可以看出包容与理解在以下几个方面对婚姻起到的积极作用。

促进情感深化：相互包容与理解能够加深夫妻间的情感交流，使双方更加珍惜彼此，提高婚姻的凝聚力。

化解矛盾与冲突：在面对分歧时，包容与理解是化解矛盾、避免冲突升级的有效手段，有利于维护家庭和谐。

促进个人成长：在包容与理解的过程中，夫妻双方都能学会换位思考，拓宽视野，从而促进个人心智的成长。

传承良好家风：夫妻间的相互包容与理解，能够为孩子树立榜样，影响其性格的形成，进而传承良好的家庭风气。

二、婚姻中如何做到包容与理解

夫妻之间要做到相互包容和理解，关键在于双方的共同努力与真诚沟通。首先，要学会换位思考，试着站在对方的角度去看问题，理解对方的想法和感受。这有助于化解矛盾，减少误解。其次，夫妻间应坦诚相待，坦诚表达自己的想法和需求，同时也要倾听对方的意见，给予彼此足够的尊重和支持。在沟通过程中，要注意语气和态度，避免用情绪化的言辞伤害对方。最后，夫妻之间还应共同面对生活中的挑战，相互扶持，共同成长。当遇到分歧时，夫妻双方要寻求共识，以建设性的方式解决问题。通过这些努力，夫妻之间能建立起深厚的感情基础，从而实现相互包容和理解，共同创造幸福的婚姻生活。

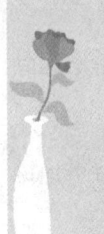

智慧谏言

　　夫妻之间的相互包容与理解不仅是婚姻幸福的秘诀，也是家庭和谐的基石。在快节奏的现代生活中，让我们不忘初心，以更加开放和包容的心态去看待彼此的差异，用理解与爱去温暖每一个平凡的日子。只有这样，婚姻才能在岁月的长河中历久弥新，绽放出更加璀璨的光芒。

共同的价值观与目标

　　在漫长的婚姻旅程中，共同的价值观与目标如同指南针，引领着夫妻双方携手前行，共同面对生活的风雨与挑战。家庭成员共同的价值观与目标对于婚姻的积极作用不容忽视。共同的价值观是夫妻关系的基石，它确保夫妻双方在道德观念、家庭责任、生活方式等方面保持一致，减少了因观念差异而引发的冲突。这种一致性不仅增强了夫妻间的默契，还促进了家庭的和谐。同时，共同的目标为夫妻双方提供了共同努力的方向，无论是追求事业成功、财富积累，还是关注子女教育、家庭幸福，这些目标都激励着夫妻双方携手并进，共同为家庭的繁荣付出努力。据心理学研究，共同的目标和价值观能够增强夫妻间的凝聚力，使他们在面对困难时更加团结，共同寻找解决方案。因此，家庭成员共同的价值观与目标对于维护婚姻的稳定与幸福具有至关重要的作用。

一、共同的价值观与目标的重要性

　　增强凝聚力：共同的价值观与目标能够增强夫妻双方的凝聚力，使他们在面对困难时能团结一心，共同应对。

　　促进沟通与交流：当夫妻双方拥有共同的价值观与目标时，他们更容易在沟通与交流中找到共鸣点，减少误解与冲突。

激发潜能与创造力：共同的价值观与目标能够激发夫妻双方的潜能与创造力，使他们在追求梦想的过程中不断超越自我，实现个人与家庭的共同成长。

传承家庭文化：夫妻间共同的价值观与目标往往也是家庭文化的核心。通过代代相传，这些价值观与目标能够成为家族的精神纽带，维系家族成员之间的情感与联系。

二、婚姻的导航灯

价值观是个体对事物重要性的判断与取舍标准；目标则是人们追求的方向与动力。在婚姻关系中，夫妻双方的价值观与目标是否一致，直接关系到他们的幸福指数与家庭的和谐程度。共同的价值观为夫妻双方提供了判断是非、做出决策的依据，而共同的目标则激励着他们携手努力，共同奋斗。当夫妻在价值观与目标上达成共识时，他们的婚姻便拥有了坚实的基础，使之能够抵御外界的干扰与诱惑，保持长久的稳定与幸福。

李明与王丽是一对热爱自然的夫妻。他们相识于一次环保志愿者活动，共同的环保理念让他们走到了一起。婚后，他们不仅在生活中践行低碳环保的生活方式，还共同创办了一家环保科技公司，致力于研发推广环保产品。面对创业初期的重重困难，他们始终坚守着共同的价值观——保护地球，造福人类，并以此为动力，不断克服困难，推动公司稳步发展。他们的故事在当地被传为佳话，他们也成为许多人心中的榜样。

共同的价值观与目标能够激发夫妻双方的无限潜能，使他们在面对挑战时更加坚定与勇敢。当夫妻双方都致力于实现同一个梦想时，他们的力量便汇聚成一股不可阻挡的洪流，推动着家庭与事业不断向前发展。

钱锺书与杨绛是中国现代文学史上的杰出学者，他们在婚姻生活上同样有共同的价值观与目标。在学术道路上，他们相互扶持，共同进退。无论是研究文学、翻译作品，还是撰写学术论文，他们都保持着高度的默契。他们的共同目标是探索学术的奥秘，传承文化的精髓。正是这一共同目标，使他们在学术的道路上不

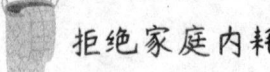

拒绝家庭内耗

断取得新的成就，也为后人留下了宝贵的文化遗产。

钱锺书与杨绛的故事向我们展示了共同的价值观与目标，在婚姻中的重要作用。当夫妻双方都致力于追求同一个学术或事业目标时，他们的婚姻便成了彼此最坚实的后盾。他们相互支持，相互鼓励，在学术或事业的道路上一起攀登高峰，实现了个人价值与家庭幸福的双重丰收。

综上所述，夫妻之间拥有共同的价值观与目标，是婚姻幸福与家庭和谐的重要保障。在快节奏的现代生活中，让我们不忘初心，坚守共同的信念与追求，用爱与智慧去经营婚姻与家庭。只有这样，婚姻才能在岁月的洗礼中愈发坚固，家庭才能在风雨的洗礼中愈发温馨与幸福。

智慧谏言

夫妻间的共同价值观与目标可以确保夫妻双方在道德、责任、生活方式上一致，减少冲突，增强默契，促进和谐。共同目标激励夫妻双方携手努力，为家庭繁荣付出。共同的价值观与目标能增强家庭的凝聚力，促进沟通，激发潜能，传承家庭文化。坚守共同信念与追求，用爱与智慧经营婚姻与家庭，不仅可以使夫妻关系更牢固，还能使家庭生活锦上添花。

第二章

如何减少家庭内耗

理解伴侣的需求

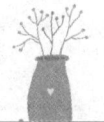

在家庭中，伴侣之间的和谐关系无疑是家庭幸福的核心。而要维系这份亲密与和谐的关系，真正理解伴侣的需求显得尤为重要。这不仅关乎双方的幸福，更是家庭稳定与幸福的基石。在心理学层面，这有助于建立深层次的情感连接，让双方感受到被尊重、被关爱，从而增强信任感和安全感。当伴侣感受到被对方理解时，他们更愿意敞开心扉，表达内心的想法和感受，从而促进更深层次的沟通与交流。在社会学视角下，伴侣间的相互理解是促进家庭稳定与幸福的重要因素。它有助于双方共同面对生活中的挑战，携手制定并实现共同目标，从而增强家庭的凝聚力和归属感。此外，理解伴侣的需求能使夫妻双方在伴侣关系中不断成长，共同创造更美好的未来。

一、理解伴侣是促进家庭和谐的关键

理解伴侣的需求是建立深厚感情、促进家庭和谐的关键。它有助于增进双方的了解与信任，减少误解与冲突，使伴侣关系更加和谐。当伴侣感受到被理解、被关心时，他们的内心会得到极大的满足，从而更加珍惜这份感情，愿意为家庭付出更多。

张先生和李女士是一对中年夫妻，他们共同经营着一家小店，生活虽不富裕，但充满温馨。然而，随着时间的推移，张先生发现李女士经常疲惫不堪，对家务也失去了往日的热情。经过细心观察，张先生发现，李女士之所以如此疲惫，是因为她不仅要照顾家庭，还要协助自己打理店铺，而她自己的休息和娱乐时间却被大大压缩。

为了解决这个问题，张先生开始主动分担家务，并鼓励李女士去参加一些她喜欢的活动，如瑜伽课和书法班。他还特意调整了店铺的营业时间，以便自己有更多的时间来陪伴李女士。李女士感受到了张先生的关怀与理解，心情逐渐好转，家庭氛围也变得更加和谐。

真正理解伴侣的需求，需要从日常生活的细节入手，关注伴侣的身心健康，给予对方适当的关怀与支持。只有这样，才能确保伴侣关系的持续和谐。

马云作为阿里巴巴集团的创始人，他的成功离不开妻子张瑛的默默支持。在阿里巴巴创业初期，马云面临着巨大的压力和挑战。然而，张瑛始终坚定地站在他的身边，给予他最大的理解与支持。

张瑛深知马云对事业的执着与追求，因此她不仅在生活上给予马云无微不至的关怀，还在事业上给予他最大的鼓励与帮助。当马云遇到困难和挫折时，张瑛总是第一个站出来为他排忧解难，与马云共同面对困境。

马云也深知张瑛的需求与期望。他知道张瑛希望有一个稳定的家庭，因此他在事业取得成功后，始终保持着对家庭的关注和投入，尽力满足张瑛的需求。

真正理解伴侣的需求，需要双方共同奋斗，相互支持。在伴侣追求事业或梦想的过程中，要给予其最大的理解与支持，共同面对困难与挑战。同时，也要关注伴侣的身心健康和家庭需求，确保伴侣关系的和谐与稳定。

二、如何真正理解伴侣的需求

细心观察与倾听：在日常生活中，要细心观察伴侣的言行举止和情绪变化，及时发现并满足他们的需求。

当伴侣与你交流时，要给予对方充分的关注与尊重，认真倾听他们的想法与感受。

深入沟通与表达：双方应该坦诚地交流彼此的想法与感受，共同寻找解决问题的方法。在沟通中，要学会表达自己的需求与期望，同时也要尊重伴侣的想法与感受。

通过深入的沟通，双方可以更加深入地了解彼此，增进感情。

相互支持与鼓励：当伴侣追求自己的梦想或目标时，要给予其最大的支持与鼓励。你的支持不仅是对伴侣的肯定，更是对其需求的满足。这有助于增进双方的信任与默契。在伴侣遇到困难或挫折时，要站在对方的身边，共同面对困难，

给予对方力量与勇气。这有助于增强双方的凝聚力与向心力。

共同成长与进步：伴侣之间的关系是动态发展的，双方都需要不断地学习与成长。通过共同学习、共同进步，双方可以更好地理解彼此的需求与期望，使感情深化。这有助于提升双方之间的默契与配合度。

在成长的过程中，要学会欣赏伴侣的优点与长处，并给予肯定与赞美。同时，也要为伴侣提供成长的空间与机会，让他们变得更加优秀。这有助于激发双方的潜力与创造力。

细心观察与认真倾听是理解的第一步，应关注伴侣的言行与情绪，及时捕捉并回应其需求。伴侣之间深入沟通同样重要，双方应坦诚交流，表达自我，同时尊重对方，共同寻找解决问题的方案。在伴侣的追梦路上，要给予其坚定的支持与鼓励，共渡难关，这不仅能增进双方的信任，更能强化双方的默契。在家庭中，理解伴侣的需求不仅能促进个人成长，更能为家庭带来长久的幸福与和谐。

有效表达爱意

夫妻间表达爱意对婚姻的积极作用不可小觑，在婚姻的长河中，爱意的表达如同温暖的阳光，能够照亮彼此的心房，为婚姻注入源源不断的活力。当夫妻双方真诚地向对方表达爱意时，不仅能增进彼此的感情，还能加深双方的理解和信任，使婚姻更加坚固。爱意的表达可以是言语上的赞美和感激，也可以是行动上的关心和照顾，这些都能让对方感受到被重视和被珍惜。在婚姻中，夫妻双方难免会遇到各种挑战和困难，但只要有爱意的支撑，就能使夫妻双方携手面对困难，共渡难关。爱意的表达还能调动夫妻双方的积极性和激发创造力，使他们更加努力地为家庭付出。

一、有效表达爱意的重要性

有效地表达爱意是增进夫妻感情、促进婚姻和谐的关键。它有助于加深双方的了解与信任，减少误解与冲突，使婚姻关系更加紧密。当夫妻之间能够真诚地表达爱意时，他们的内心会得到极大的满足，从而更加珍惜这份感情，愿意为家庭付出更多。

李先生和王女士是一对年轻夫妻，他们相识于大学时期，如今已携手走过了数个春秋。在繁忙的工作和生活中，他们始终保持着对彼此的爱意和关怀。

李先生深知王女士喜欢浪漫和惊喜，因此他经常在日常生活中为她制造一些小惊喜。有时是一束鲜花，有时是一份小礼物，有时甚至只是一个深情的拥抱和一句"我爱你"。这些看似微不足道的小举动，却让王女士感受到了李先生深深的爱意。

而王女士也用自己的方式回应李先生的爱。她会在李先生疲惫时为他泡上一杯热茶，会在他心情低落时给予他鼓励和安慰。她还会在特殊的日子里为李先生准备一顿丰盛的晚餐，或者陪他看一场电影，共同度过美好的时光。

有效地表达爱意并不需要昂贵的礼物或华丽的言辞。它可以是日常生活中的一个小举动、一句关心的话语，甚至是一个眼神的交流。这些细微之处往往能够传递出最真挚的爱意，让夫妻关系更加和谐。

钱学森是我国著名的科学家，被誉为"中国航天之父"。他的妻子蒋英则是一位杰出的音乐家和教育家。他们之间的爱情故事不仅是科学与艺术的完美结合，更是夫妻之间有效表达爱意的典范。

在钱学森与蒋英的婚姻生活中，蒋英不仅在生活中给予钱学森无微不至的关怀，还在精神上给予他最大的支持与鼓励。当钱学森遇到科研难题时，蒋英会用她的音乐才华为他缓解压力，激发他的灵感；而钱学森也会在蒋英的音乐会上，

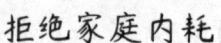

用他那深沉而炽热的眼神，表达对妻子的爱与敬仰。

他们之间的爱意不仅仅体现在言语上，更体现在彼此的理解与支持上。钱学森深知蒋英对音乐的热爱与追求，因此他尽自己最大的努力为蒋英创造良好的音乐环境，让她能够在音乐的世界里自由翱翔。而蒋英也深知钱学森对科学的执着与奉献，因此她始终默默地站在钱学森的身边，给予他最大的理解与支持。

钱学森与蒋英的故事告诉我们，夫妻之间有效表达爱意，需要建立在相互理解与支持的基础上。只有夫妻双方都能够深入了解彼此的需求与期望，并愿意为对方付出一切时，他们的爱意才能够得到最真挚的表达，婚姻关系也才能够更加稳固与长久。

二、如何有效表达爱意

言语表达：言语是表达爱意最直接、最有效的方式之一。夫妻之间应该经常用言语来表达对彼此的爱意和关怀，如"我爱你""你辛苦了"等。在言语表达中，要注意语气和措辞的真诚，避免使用冷漠或伤人的言语。

行动表达：行动是表达爱意的另一种重要方式。夫妻之间可以通过日常生活中的小举动来表达对彼此的爱意，如为对方做一顿饭菜、洗一次衣服、按摩一下疲惫的身体等。这些看似微不足道的行动，往往能够传递出最真挚的爱意，让夫妻关系更加和谐。

礼物表达：礼物是表达爱意的传统方式之一。夫妻之间可以互赠礼物来表达对彼此的爱意和关怀，如鲜花、巧克力、首饰等。在选择礼物时，要注重礼物的意义和对方的喜好，避免选择过于昂贵或不合时宜的礼物。

理解与支持表达：理解与支持是表达爱意的最高境界。夫妻之间应该深入了解彼此的需求与期望，并愿意为对方付出一切。

当一方遇到困难或挫折时，另一方应该给予最大的理解与支持，共同面对困境，携手共渡难关。

综上所述，夫妻之间有效表达爱意是维系婚姻关系、促进家庭和谐的关键。通过言语、行动、礼物、时间以及理解与支持等方式，可以让夫妻双方的感情更加稳固。

智慧谏言

夫妻间有效地表达爱意是保持婚姻和谐幸福关系的秘诀。言语的温暖、行动的关怀、贴心的礼物等都是爱意的表达。真诚地说出"我爱你"，让对方感受到心的跳动；为对方做一顿饭菜、洗一次衣服，让爱在细微处闪光；挑选一份有意义的礼物，让爱意更具体。但更重要的是理解与支持，它超越了物质的表达，是心灵深处的共鸣。在对方需要时，给予坚定的理解与陪伴，共同面对生活的风雨。夫妻间的爱意如同家庭的阳光，温暖而持久。

夫妻间讲话的分寸

在家庭中，夫妻间的言语交流是维系情感、促进理解的桥梁。然而，倘若言语不当，也可能成为伤害彼此、破坏和谐的利器。某些话如果表达不当，极易伤害伴侣的自尊心，从而引发不必要的争执。因此，在夫妻相处的过程中，讲话的分寸尤为重要。

一、讲话分寸的重要性

讲话分寸不仅关乎个人修养，更是夫妻间和谐相处的基石。一句得体的话语能够化解矛盾，增进感情；而一句过火儿的话则可能瞬间点燃怒火，破坏原本平静的家庭氛围。心理学研究表明，言语暴力对亲密关系的破坏力不亚于身体暴力，它会在无形中削弱彼此的信任与尊重，给婚姻埋下隐患。

二、过火儿话语的危害

关联父母句式：如"你怎么那么自私呀，跟你爹妈一样"。这种句式不仅伤害了对方的自尊，还无端牵连其父母，极易引发对方的反感与抵触。

从来没有句式：如"你从来就没有关心过我"。这种全盘否定的表达会让对方感到自己的付出被忽视，从而产生绝望与愤怒的情绪。

比较句式：如"你没有×××能干"。这种否定式的表达会伤害对方的自尊心，对夫妻感情造成极大的伤害。

网络上曾流传这样一段视频：一对夫妻因琐事争吵，妻子一时气愤，脱口而出："你真是没用，看看人家隔壁老王多能干！"这句话瞬间惹怒了丈夫，他激动地反驳，双方情绪失控，最终演变成一场激烈的争执。

这个事例深刻地说明了比较句式对夫妻关系的破坏性。它不仅否定了对方的努力与价值，还暗示了对方不如别人，严重伤害了对方的自尊心。

彻底质疑句式与无敌否定句式：如"你管得着吗？"和"你真不是男人"。这两种句式都是对对方能力与身份的极端质疑，会让对方感到被严重贬低与轻视，从而引发强烈的愤怒与不满。

林语堂性格幽默，但有时言语间难免有些锋芒，廖翠凤总能用温柔与智慧化解。有一次，林语堂在朋友面前开玩笑说："我太太是天下最丑的女人。"廖翠凤听后并未生气，而是笑着回应："你说我丑，可我知道你心里并不是这么想的。"她的宽容与理解让林语堂深感愧疚，从此更加注意自己的言行。

虽然廖翠凤能用机智的语言化解这种伤害自尊的玩笑，但想必普通大众对这样的玩笑一定是无法忍受的。这个故事告诉我们，夫妻间讲话应相互尊重，即使开玩笑也应适度，避免伤害对方的自尊心。

三、如何把握讲话分寸

尊重对方：夫妻间应相互尊重，避免使用侮辱性或贬低性的言语。在表达不满时，应就事论事，不牵连对方的家人，不提及过往。

换位思考：在讲话前，先想想自己的话是否会让对方感到不适或受伤。学会换位思考，要学会站在对方的角度审视自己的言辞。

积极沟通：遇到问题时应坦诚相待，积极沟通解决。避免使用"你从来就……""你总是……"等绝对化的句式，以免引发对方的反感。

赞美与鼓励：适时地赞美对方的长处与努力，给予对方鼓励与支持。这不仅能增进彼此的感情，还能调动对方的积极性与激发创造力。

情绪管理：在情绪激动时，应学会控制自己的情绪，避免口不择言。可以先冷静下来，再进行沟通。

夫妻间讲话的分寸是促进家庭和谐、增进彼此感情的关键。通过尊重对方、换位思考、积极沟通、赞美鼓励以及情绪管理等方法，我们可以有效避免过火话语对夫妻关系的破坏。记住，舌头虽小，却能掀起惊涛骇浪；言语虽轻，却能温暖人心或伤人至深。让我们在夫妻相处的过程中，把握讲话的分寸，用爱与智慧共同编织幸福的家庭。

智慧谏言

夫妻间讲话，分寸感至关重要。过火儿之语如刺骨寒风，能使爱的火焰瞬间熄灭，破坏和谐氛围。尊重与理解是言语交流的基石，能化解矛盾，加深感情。智者知言语之力，慎言而行，避免无谓争执。夫妻相处应如细水长流，温柔以待，让言语成为温暖彼此的阳光，而非刺骨的寒风。记住，言语虽轻，却如水一样，能载舟亦能覆舟，只有把握讲话分寸，方能共筑幸福的家庭。

建立坚实的情感基础

夫妻间建立坚实的情感基础，对婚姻的积极作用深远而持久。这一基础如同婚姻的基石，为夫妻关系提供了稳固的支撑。在一起生活的日子里，夫妻双方难免会遇到各种挑战和困难，但只要有坚实的情感基础作为后盾，就能携手共度，共同面对。坚实的情感基础能够增强夫妻之间的信任和依赖，使他们更愿意为对方付出，为家庭奉献。同时，它还能促进夫妻间的沟通和理解，减少误解和冲突，使婚姻关系更加和谐融洽。在这样的婚姻中，夫妻双方都能感受到彼此的关爱和支持，从而更加珍惜这份感情，更加努力地经营和维护婚姻。

情感基础的建立方法

1. 相互信任

信任是夫妻关系中最重要的因素之一。没有信任，夫妻关系就难以维系。双方应该坦诚相待，不隐瞒、不欺骗，共同维护婚姻的诚信。

2. 有效沟通

沟通是夫妻之间建立情感联系的桥梁。双方应该经常交流彼此的想法和感受，分享生活中的喜怒哀乐，以增进了解和默契。而书信作为一种古老而浪漫的沟通方式，曾在许多名人夫妻之间架起情感的桥梁。

巴金是中国现代文学史上的巨匠，与妻子萧珊的爱情故事被传为佳话。在那个信息不发达的时代，书信成了他们进行情感交流的主要方式。巴金在书信中向萧珊倾诉内心的想法和创作的苦恼，而萧珊总是以温柔和理解回应，给予他无尽的鼓励和支持。

他们的书信不仅充满了深情厚意，更见证了他们在文学道路上的共同成长。巴金在创作上遇到瓶颈时，萧珊会耐心倾听他的困惑，并提出自己的见解，帮助他走出困境。而萧珊在文学追求上遇到挫折时，巴金也会毫不吝啬地分享自己的经验和资源，助她一臂之力。

通过书信传情，巴金和萧珊不仅增进了彼此的了解和信任，还共同提升了文学素养和创作能力。他们的爱情故事告诉我们，书信不仅是一种沟通方式，更是一种情感的纽带，能够让夫妻双方在精神上更加紧密地联系在一起。

3. 共同兴趣

共同的兴趣和爱好是夫妻之间建立情感联系的纽带之一。双方应该尝试寻找和培养共同的兴趣爱好，一起参与活动，增进彼此之间的默契和亲近感。

4. 相互支持

在婚姻生活中，夫妻双方都会遇到各种困难和挑战。这时，相互支持就显得尤为重要。双方应该站在彼此的角度思考问题，给予对方最大的理解和支持。

5. 适当的空间与尊重

夫妻之间虽然亲密无间，但也需要适当的空间和尊重。双方应该尊重彼此的隐私和个人空间，不要过度干涉对方的生活和工作。

夫妻之间建立坚实的情感基础是促进婚姻幸福和家庭和谐的关键。通过相互信任、有效沟通、寻找共同兴趣、相互支持以及提供适当的空间与尊重等方法，夫妻双方可以建立起深厚的情感联系，共同应对生活中的困难和挑战。

在婚姻生活中，夫妻双方需要以诚相待，共同守护婚姻的纯洁与真诚。有效沟通则是情感流通的桥梁，常交流、多倾听，共享生活点滴，方能深入理解彼此。共同兴趣的培养，让夫妻在共享的乐趣中增进亲密感，携手共度美好时光。面对挑战时，相互支持成为夫妻双方最坚强的后盾，彼此理解、共渡难关。夫妻间应以此为指导，用心经营，共同努力，让婚姻在坚实的情感基础上绽放出幸福的花朵。

通过细节表达爱意

在家庭生活中，夫妻间的爱意如同细雨般润物无声，滋养着彼此的心田。夫妻间表达爱意往往藏在日常生活的细微之处。一个温柔的眼神、一次紧握的双手、一句贴心的问候，都是爱意的自然流露。早晨，为对方准备一杯温热的牛奶，或轻轻盖好被角，这些看似微不足道的小动作，实则蕴含着深深的关怀与疼爱。晚餐时，特意烹饪一道对方喜爱的菜肴，或在餐桌上分享一天的趣事，都能让彼此的心更加贴近。在特殊的日子里，为对方送上一份精心挑选的礼物，或安排一次浪漫的约会，更是对爱情的美好诠释。夫妻间的爱意就藏在这些平凡而又温馨的细节里，它们如同涓涓细流，汇聚成爱的海洋，让婚姻生活充满温暖与幸福。

一、适时表达爱意的重要性

在婚姻的长河中，细节是爱的语言，它虽不张扬，却最能触动人心。夫妻间通过细微之处的关怀与照顾，能够不断加深彼此的情感联结，提高夫妻之间的依赖感和信任感。这些细节如同婚姻大厦的砖石，虽不起眼儿，却构成了稳固的基础。它们让爱在日常生活中流淌，让婚姻生活充满温馨与甜蜜。适时表达爱意是维系夫妻关系不可或缺的重要组成部分。

二、表达爱意的方式

1. 日常小惊喜

生活需要仪式感，哪怕是最简单的形式。比如，在平凡的一天里，为对方准备一份小礼物，不必多么昂贵，只需心意满满，就能让对方感受到被爱包围。

李先生每天早晨都会提前起床，为妻子张女士准备一杯她最爱的拿铁咖啡，放在床头柜上，并附上一张手写的小纸条，上面写着："亲爱的，美好的一天从这杯咖啡开始，爱你的心永不冷却。"这样的举动虽简单，却让张女士每天醒来都能感受到满满的幸福感，两人的关系也更加亲密无间。

这个事例告诉我们，爱意的表达不在于物质的多少，而在于那份用心和坚持。一杯咖啡、一张纸条，就能让爱在日常生活中流淌，温暖彼此的心房。

2. 无声的陪伴

在对方需要时，默默陪伴在侧，就是最深情的告白。无论是工作上的挫折，还是生活中的不如意，一个理解的眼神，一个紧握的手，都能给予对方无尽的力量。

胡云望和陈发珍是一对平凡的夫妻，他们的生活原本平静而幸福。然而，14年前，陈发珍突发疾病，导致全身瘫痪，生活无法自理，言语表达也成了问题。面对这突如其来的变故，胡云望没有选择放弃，而是坚定地守护在妻子身边，用自己的行动诠释了什么是真正的爱情和责任。

他成了妻子的"全职保姆"，照顾妻子的饮食起居，帮助她进行康复训练。每天早上，他都会给妻子洗脸，晚上则给她洗脚，还会换着花样做她爱吃的菜。尽管夫妻俩因为交流障碍而无法像以前那样顺畅地沟通，但他们却比一般的夫妻更有默契。有时候，一个眼神、一个手势，就能明白对方的意思。

为了生计，胡云望需要外出工作，但他放心不下妻子，于是就每天骑着摩托车带妻子到工地干活儿。工地上没有休息的地方，他就将纸壳儿垫在地上，让妻子靠墙坐着歇息。这样的生活虽然过得艰苦，但胡云望从未有过怨言。他不仅用自己的行动证明了爱情的力量，也感动了周围的乡邻。

胡云望和陈发珍的故事展现了夫妻间在困难面前的不离不弃和共同面对困难的决心。这个故事告诉我们，真正的爱情不仅仅是甜言蜜语和浪漫激情，更是相互扶持和共渡难关的坚定信念。

3. 共同的兴趣爱好

培养共同的兴趣爱好，一起探索未知，不仅能增进夫妻间的感情，还能让彼此的生活更加丰富多彩。

王先生和刘女士都是热爱自然的人，他们决定每个周末都进行一次短途徒步旅行。在旅途中，他们共同规划路线，分享沿途的风景，甚至一起克服途中的小困难。这些共同的经历，不仅让他们更加了解彼此，也让他们的爱情在每一次的探险中得到了升华。

通过这个事例，我们可以看到，共同的兴趣爱好不仅能够加深夫妻间的情感联系，还能为生活增添无限乐趣。在共同追求兴趣爱好的过程中，双方能够更加深入地了解对方的喜好和性格，从而更加珍惜彼此。

4.细微之处的关怀

在日常生活中，关注对方的细微需求，给予适时的关怀，是表达爱意的有效方式。比如，记得对方的生日、纪念日，为对方准备一顿特别的晚餐，或与对方一起分担家务，这些都是爱的体现。

5.尊重与理解

尊重对方的想法和选择，理解对方的不易，是夫妻间表达爱意的最高境界。在遇到分歧时，能够站在对方的角度思考问题，给予对方最大的包容和支持，这样的爱才经得起时间的考验。

夫妻之间通过细节表达爱意，是维系婚姻、增进感情的重要途径。无论是日常的小惊喜、无声的陪伴，还是共同的兴趣与探索、细微之处的关怀，以及尊重与理解，都是爱的细腻体现。这些细节虽不起眼儿，却能汇聚成爱的海洋，让婚姻生活充满温馨与幸福。

智慧谏言

细微之处的关怀，关注对方需求，给予适时的帮助，体现了深深的爱意；尊重与理解，站在对方的角度思考，给予对方包容和支持，是爱的最高境界。夫妻间应通过这些细节，用心经营婚姻，让爱在日常生活中流淌。这样的爱虽不起眼儿，却能汇聚成爱的海洋，让婚姻生活充满幸福与甜蜜。细节之处见真情，夫妻双方应珍惜彼此，共同创造美好的未来。

以爱为基础的冲突处理策略

在婚姻生活中，夫妻间的冲突是难以避免的，但关键在于如何处理这些冲突。以爱为基础去处理冲突，是促进婚姻关系和谐美满的重要法则。爱作为夫妻间最深厚的情感纽带，能够引导双方以更加包容和理解的态度去面对彼此的不同意见和矛盾。当发生冲突时，如果夫妻双方都能站在爱的角度，设身处地地为对方着想，那么很多看似难以调和的矛盾，都能得到妥善的解决。爱能让双方在面对冲突时保持冷静和理智，避免情绪化的言语和行为对彼此造成伤害。更重要的是，以爱为基础的处理方式，能够让夫妻双方在解决冲突的过程中，更加深刻地体会到彼此的重要性，从而进一步加深夫妻间的感情。因此，在婚姻生活中，无论遇到何种冲突，夫妻双方都应时刻铭记以爱为基础，用心去理解和包容对方，共同守护这份来之不易的幸福。

一、发生冲突时的处理策略

在漫长的婚姻生活中，夫妻间的冲突如同风雨，虽不期而至，却也是情感的催化剂。关键在于，我们如何以爱为舟，以智慧为帆，穿越这些看似难以逾越的波澜。下面，我们将通过两个故事，探讨以爱为基础的冲突处理策略，以及在这一过程中爱的重要性。

张先生与李女士是一对年轻夫妇，两人都热爱美食，却因工作繁忙，常常无暇共同准备晚餐。一次，张先生提议周末在家尝试制作复杂的法式大餐，而李女士则更倾向于做简单快捷的家常菜。很快，这场关于晚餐的讨论逐渐升级为争执，双方各执一词，气氛十分紧张。

然而，冷静下来后，张先生先开口："我知道我们都很累，但我想和你一起做些特别的事情，就像我们刚恋爱时那样。"李女士听后，心中涌起一股暖流，她解释道："其实我也很想和你共度美好的时光，只是最近我的工作压力有些大，

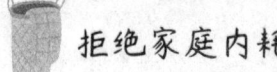

想简单点儿。不如我们折中一下，找个轻松的食谱，一起动手，既能享受烹饪的乐趣，又不至于太累。"

最终，两人决定尝试一道融合中西方元素的创意菜。做饭过程中，他们笑声不断，不仅晚餐美味，而且让彼此的心贴得更近了。这次经历让他们意识到，冲突背后隐藏的是对彼此的关心与期待，只要以爱为出发点，任何分歧都能找到和谐的解决方案。

下面我们再来看看丘吉尔是怎么处理生活矛盾的。

温斯顿·丘吉尔是英国历史上著名的政治家、首相，与妻子克莱门蒂娜的婚姻生活同样充满了传奇色彩。尽管两人在许多方面志同道合，但在政治观点上却时常产生分歧。尤其是在丘吉尔担任首相期间，他的决策往往受到国内外局势的严峻考验，而这些决策有时与克莱门蒂娜的个人看法相左。

面对政治上的分歧，丘吉尔与克莱门蒂娜并没有选择争吵或冷战，而是以一种更为成熟和理智的方式去处理。他们深知，尽管他们在政治立场上有所不同，但彼此之间的爱与尊重是婚姻中最宝贵的财富。因此，他们选择通过书信的方式，坦诚地交流各自的想法和观点。

在书信中，丘吉尔会详细解释自己的决策依据和考虑因素，而克莱门蒂娜则会表达自己的担忧和看法。他们相互倾听，相互理解，尽管不一定能达成共识，但至少能够确保彼此之间的沟通和尊重。这种书信传情的方式不仅让他们在政治分歧中保持了婚姻的和谐，更让他们的感情在相互理解和尊重中得到了升华。

英国国家档案馆保存的资料显示，丘吉尔与克莱门蒂娜的书信往来频繁且内容深入，这些书信不仅记录了他们的政治分歧，更见证了他们以爱为基础，通过沟通来化解冲突的智慧。

从丘吉尔与克莱门蒂娜的故事中，我们可以深刻体会到以爱为基础的冲突处理策略的重要性。爱不仅是夫妻关系的基石，更是化解冲突、增进理解的强大力量。

二、以爱为基础解决冲突的作用

爱能增进理解：在冲突中，爱让我们更愿意去倾听对方的声音，理解对方的立场和感受。这种理解是化解冲突的第一步，也是建立和谐夫妻关系的基础。

爱能促进沟通：爱让我们愿意坦诚地表达自己的想法和感受，同时也愿意倾听对方的意见。有效的沟通是解决冲突的关键，而爱则是沟通的催化剂。

爱能培养妥协精神：在冲突中，爱让我们更愿意为对方着想，寻求双方都能接受的解决方案。妥协不是软弱，而是爱的体现，它能让夫妻关系更加和谐美满。

爱能增强信任：爱让我们相信对方，相信彼此能够共同面对困难、解决冲突。这种信任既是夫妻关系的坚固基石，也是化解冲突的重要保障。

以爱为基础的冲突处理策略是夫妻关系中不可或缺的一部分。它不仅能够有效地化解冲突，更能在这一过程中加深彼此的情感，让婚姻生活更加幸福美满。让我们通过丘吉尔与克莱门蒂娜的故事，学习他们以爱为基础，通过沟通化解冲突的智慧与勇气，共同创造更加美好的家庭生活。

在家庭生活中，冲突难以避免，但以爱为基础的冲突处理策略是维系家庭和谐的关键。爱能增进理解，使双方愿意倾听对方的声音，站在对方的角度思考；爱能促进沟通，让彼此坦诚表达想法，有效解决问题；爱能培养妥协精神，使双方在冲突中寻求共识，达成和解；爱能增强信任，让夫妻间相互依赖，共同面对困难。如张先生与李女士因晚餐发生争执，最终以爱为出发点，找到了解决方案；丘吉尔与克莱门蒂娜虽政治观点不同，但通过书信传情，维持了婚姻和谐。这些事例告诉我们，以爱为基础处理冲突，能让家庭更加美满幸福。

一起面对生活的挑战和变化

　　婚姻不仅是爱情的归宿，更是夫妻双方共同成长的舞台。面对生活中的风风雨雨，夫妻双方需要携手并肩，共同应对。这种携手合作不仅能够加强彼此的情感连接，还能够增强夫妻之间的默契和信任。根据心理学研究，共同面对挑战能够促进夫妻之间的情感交流，从而加深彼此的理解和依赖。因此，无论遇到何种困难和变化，夫妻双方都应保持坚定的信念，共同面对，共同克服，让爱情在生活的磨砺中更加坚韧，让婚姻在岁月的长河中更加稳固。

一、夫妻携手，同舟共济

　　在家庭生活的长河中，夫妻是彼此最坚实的依靠。面对生活的挑战和变化，夫妻间的携手合作与相互支持显得尤为重要。这不仅关乎家庭的幸福与稳定，更是夫妻情感深化的关键。

　　张强与李娜是一对普通的城市夫妻。在稳定的国企工作多年后，他们决定辞职创业，开一家餐饮店。这一决定对于他们来说，无疑是一次巨大的挑战。他们不仅要面对资金、技术、市场等多方面的压力，还要承受来自家庭和社会的种种质疑。

　　然而，张强与李娜并没有被这些困难吓倒。他们相信彼此，相信自己的选择。在创业初期，他们分工明确，张强负责后厨管理，李娜则负责前台服务与市场推广。他们每天起早贪黑，忙得连轴转，但每当遇到困难时，他们总是相互鼓励，共同寻找解决问题的方案。

　　经过几年的努力，他们的餐饮店逐渐在市场上站稳了脚跟，赢得了顾客的认可。张强与李娜也在这段共同奋斗的经历中，加深了对彼此的了解，感情也愈发深厚。

　　这个事例告诉我们，夫妻一起面对生活的挑战，能够增进彼此的了解与信任。

在共同奋斗的过程中，他们学会了如何更好地沟通、协作与支持对方，从而让家庭更加和谐幸福。

沃伦·巴菲特被誉为"股神"，是全球知名的投资家。然而，在他辉煌的事业背后，也有与妻子苏珊共同面对生活挑战的故事。

2008年，全球金融危机爆发，巴菲特的投资公司也遭受了重创。面对市场的动荡与不确定性，巴菲特承受着巨大的压力。这时，苏珊成了他最坚实的后盾。她不仅在生活中给予巴菲特无微不至的关怀与照顾，还在精神上给予他支持与鼓励。

苏珊深知，巴菲特需要的是理解与信任，而不是指责与抱怨。因此，她始终陪伴在巴菲特身边，与他共同面对这场金融风暴。在苏珊的支持下，巴菲特逐渐走出了困境，重新找回了投资的信心与方向。

这个故事告诉我们，夫妻一起面对生活的变化，能够提高彼此的凝聚力与向心力。在困难面前，他们相互扶持、共同进退，从而让家庭更加坚不可摧。

二、共同面对挑战与变化的重要性

增进了解与信任：共同面对挑战与变化，夫妻双方需要更加紧密地沟通与合作。在这个过程中，他们能够更加深入地了解彼此的想法与需求，从而建立起更加坚实的信任基础。

提高凝聚力与向心力：面对困难时，夫妻间的相互支持与鼓励能够让他们更加紧密地团结在一起。这种凝聚力与向心力是家庭稳定与幸福的基石。

促进情感深化：共同经历挑战与变化，夫妻间的情感会更加深厚。他们会在相互扶持中感受到彼此的温暖与力量，从而让爱情更加坚固持久。

培养共同成长的意识：面对生活中的挑战与变化，夫妻双方需要不断学习、成长与进步。在这个过程中，他们能够培养共同成长的意识，让家庭成为彼此成长的摇篮。

综上所述，夫妻双方一起面对生活的挑战和变化对于家庭的幸福与稳定至关重要，不仅能够增进彼此的了解与信任、提高凝聚力与向心力，还能促进夫妻双

拒绝家庭内耗

方情感深化与共同成长。因此，在家庭中，夫妻应该携手合作、相互支持，共同面对生活中的每一个挑战与变化。

智慧谏言

　　在家庭的港湾中，夫妻双方是彼此最坚强的依靠。面对生活的挑战与变化，夫妻双方应携手合作，紧密沟通，共同应对。根据心理学研究，这一过程能增进夫妻双方的了解与信任，增强凝聚力，促进情感深化，并培养共同成长的意识。因此，无论遭遇何种困境，夫妻双方都应坚定信念，同舟共济，让家庭在岁月的长河中更加稳固，共同创造幸福美好的未来。

第三章

戒掉控制欲

认识到控制欲的根源

在婚姻生活中，个体产生控制欲的原因多样，其中，源于内心的不安全感、自卑感或受传统观念影响所产生的控制欲较为常见。根据心理学研究，这种控制欲可能表现为对伴侣的生活进行各方面的过度干涉，如社交、经济及思想情感等，旨在满足自身的需求与欲望。然而，控制欲的危害不容小觑，它不仅剥夺了伴侣的自由与尊严，破坏了夫妻间的平等与尊重，还可能导致夫妻双方关系紧张，甚至引发家庭矛盾与冲突。因此，认识到控制欲的根源与危害，学会放手与信任，是维护婚姻健康与幸福的关键。

一、控制欲的根源

夫妻间的控制欲并非凭空产生，它往往源于个体内心深处的安全感缺失、自我价值的不确定以及对未来的恐惧。在婚姻这一长期的关系中，这些心理因素相互作用，使得控制欲逐渐滋生并蔓延。

1. 安全感缺失

当一方在婚姻中缺失安全感时，他们可能会试图通过控制对方的行为，来确保关系的稳定。这种控制可能表现为对日常生活的过度干预，或是对对方社交活动的严格限制。这种行为的背后，实则是对失去对方的深深恐惧。

2. 自我价值的不确定

个体若缺乏自信，往往会通过控制他人来提升自己的价值感。在夫妻关系中，这可能导致一方不断质疑另一方的决策，甚至试图改变对方的性格和习惯，以满足自己的虚荣心。

3. 对未来的恐惧

面对未知的未来，人们往往会产生焦虑感。在夫妻关系中，这种焦虑可能转化为对对方的过度控制，试图通过规划对方的生活来消除不确定性。

张女士与李先生结婚多年，原本恩爱的两人却逐渐陷入了"控制"的旋涡。张女士性格内向，对婚姻抱有极高的期望。然而，随着时间的推移，她开始对李先生的行为产生不满，认为他不够关心家庭，经常外出应酬。为了改变这一状况，张女士开始严格控制李先生的社交活动，甚至要求他每天报告行踪。

起初，李先生为了家庭和睦选择了忍让。但随着时间的推移，他感觉自己失去了自由，对张女士的控制欲感到越来越不满。两人之间争吵频发，原本和睦的夫妻关系变得岌岌可危。

张女士的控制欲源于她对婚姻的不安全感和自我价值的不确定。她试图通过控制李先生的行为来确保家庭的稳定，却忽视了对方的感受和需求。这种行为不仅破坏了夫妻间的信任，还使得夫妻双方的关系陷入了恶性循环。

宋代著名女词人李清照与丈夫赵明诚的婚姻生活中，也曾出现过控制欲的阴影。李清照才华横溢，对诗词有着极高的造诣。而赵明诚虽然也是文人，但在诗词上的成就却不及妻子。这让赵明诚感到自卑，他开始试图控制李清照创作，甚至要求她放弃诗词创作，专注于家庭生活。

李清照对赵明诚的控制感到不满，她认为诗词是自己生命的一部分，无法割舍。因此两人产生了矛盾，虽然最终没有因此分手，但这段经历无疑给他们的婚姻生活带来了波澜。

赵明诚的控制欲源于他对自己价值的怀疑和对妻子的嫉妒。他试图通过控制李清照的创作来维护自己的尊严，却忽视了妻子的感受和追求。这种行为不仅损害了夫妻间的感情，还限制了李清照的个人发展。

二、控制欲的危害

控制欲不仅破坏了夫妻双方的信任和感情，还可能导致一系列严重的后果。

破坏信任：控制欲往往伴随着猜疑和监视，这会使得夫妻间的信任逐渐被消耗。当一方感觉到自己的行为受到限制时，他们可能会对另一方产生不满和抵触情绪，从而破坏夫妻间的亲密关系。

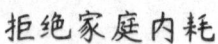

引发争吵：控制欲容易导致双方产生矛盾和争吵。当一方试图改变另一方的行为时，往往会引起对方的反感和抵抗。这种争吵不仅消耗了双方的精力，还可能对婚姻造成不可逆转的损害。

限制个人发展：控制欲还可能限制夫妻双方的个人发展。当一方试图控制另一方的行为和思想时，他们可能会剥夺对方追求梦想和实现自我价值的机会。这不仅损害了对方的利益，也阻碍了夫妻关系的健康发展。

导致关系破裂：在极端情况下，控制欲可能导致夫妻关系破裂。当双方无法忍受对方的控制时，他们可能会选择离婚来结束这种痛苦的关系。

三、如何克服控制欲

为了克服夫妻间的控制欲，双方需要共同努力，建立健康、平等的婚姻关系。具体有以下做法。

加强沟通：双方应坦诚地交流彼此的感受和需求，理解对方的立场和想法。通过有效沟通，消除误会和猜疑，加深彼此的理解和信任。

培养自信：个体应努力提升自己的自信心，认识到自己的价值和能力。当双方都能够自信地面对婚姻生活时，他们就不会去控制对方。

尊重彼此：夫妻间应相互尊重，认可对方的独立性和个性。不要试图改变对方，而应学会接受和欣赏彼此的差异。

共同规划未来：双方应一起制订共同的目标和计划，为家庭的未来而努力。当双方都有共同的目标时，他们就不会那么容易被控制欲驱使。

寻求专业帮助：如果夫妻间的控制欲问题严重，无法自行解决，可以考虑寻求专业心理咨询师的帮助。通过专业的指导和建议，双方可以更好地理解彼此，从而克服控制欲的困扰。

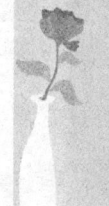

智慧谏言

　　夫妻间的控制欲源于安全感的缺失、自我价值不确定及对未来的恐惧。控制欲会破坏夫妻间的信任，引发争吵，限制个人的发展，甚至导致夫妻关系破裂。为了克服控制欲，双方需加强沟通，坦诚交流感受与需求；培养自信，认识到自己的价值与能力；尊重彼此，接受和欣赏差异；共同规划未来，制订共同目标与计划。此外，若控制欲问题严重，应寻求专业心理咨询师的帮助。总之，夫妻间应建立健康、平等的婚姻关系，相互信任、尊重与支持，共同创造美好的生活。

建立和维护信任

　　夫妻间建立和维护信任对婚姻具有不可或缺的积极作用。根据心理学研究及婚姻专家的观点，信任是婚姻关系的基石，能够增强夫妻间的情感联系和亲密度。当双方相互信任时，能够更开放地分享想法和感受，减少误解和猜疑，从而增进彼此的理解和包容。同时，信任还能促进夫妻间的有效沟通，使夫妻双方共同面对生活中的挑战和困难。因此，建立和维护信任是夫妻关系中至关重要的一环，有助于创造和谐、稳定的婚姻环境，让夫妻双方在相互支持和理解中共同成长。

　　信任是夫妻关系中最宝贵的财富，它如同桥梁一般连接着两个人的心。在婚姻生活中，信任不仅关乎情感的稳定，更影响着家庭的幸福和未来。一个缺乏信任的婚姻关系就像一艘没有舵手的船，随时可能会迷失方向。因此，夫妻间建立和维护信任的重要性不言而喻，它不仅关乎个人的幸福，更关乎整个家庭的和谐与稳定。

拒绝家庭内耗

一、坦诚相待是建立信任的基础

在夫妻关系中，坦诚相待是建立信任的第一步。只有夫妻双方都能够真诚地表达自己的想法和感受，才能避免误会和猜疑的产生。坦诚相待意味着夫妻双方不隐瞒、不欺骗，无论面对何种困难和挑战，都能够携手共进，共同面对。

韩宝和胡雪是一对年轻夫妻，他们相识于大学时代，恋爱多年后，步入了婚姻殿堂。然而，婚后的生活并不像他们想象中的那样美好。随着工作压力的增大和生活琐事的增多，两人之间的沟通也逐渐减少，误会和猜疑开始滋生。一次偶然的机会，韩宝发现胡雪手机里有一个陌生号码，他怀疑妻子有了外遇。在没有证据的情况下，韩宝选择了直接质问胡雪。胡雪则感到委屈和不解，她解释说那个号码是她一个同事的，因为工作才频繁联系。这次事件让两人都意识到了坦诚相待的重要性。他们坐下来坦诚地交流彼此的想法和感受，分享彼此的工作压力和生活琐事。通过坦诚的沟通，他们逐渐消除了误会和猜疑，重新建立了信任。

这个事例告诉我们，坦诚相待是建立信任的基础。只有双方都能够真诚地表达自己的想法和感受，才能避免误会和猜疑的产生，从而维护夫妻关系的和谐与稳定。

二、尊重彼此是维护信任的关键

尊重是夫妻关系中不可或缺的一部分，也是维护信任的关键。尊重意味着认可对方的独立性和个性，不试图改变或控制对方。只有双方都能够尊重彼此的选择和决定，才能建立起真正的信任和默契。

温斯顿·丘吉尔作为英国历史上著名的政治家和首相，他的婚姻生活同样引人注目。他与妻子克莱门蒂娜的爱情故事是尊重与信任的典范。

英国国家档案馆等权威机构的资料显示，丘吉尔与克莱门蒂娜于1908年结婚。丘吉尔在政治上忙碌且经常面临巨大压力，但克莱门蒂娜始终给予他坚定的支持和信任。她尊重丈夫的职业选择和政治立场，从不干涉他的工作。同时，丘吉尔也非常尊重克莱门蒂娜的生活方式和兴趣爱好，他鼓励妻子追求自己的爱好，并经常陪伴她参加各种社交活动。

在他们的婚姻生活中，尊重彼此成了维护信任的关键。他们相互支持、相互理解，共同度过了许多艰难的时刻。这种尊重与信任的关系，不仅让他们的婚姻生活更加和谐幸福，也为他们的政治事业提供了坚实的后盾。

这个事例告诉我们，在夫妻关系中，尊重彼此是维护信任的关键。只有双方都认可对方的独立性和个性，不试图改变或控制对方，才能建立起真正的信任和默契。这样的夫妻关系才经得起时间的考验。

三、共同经历是彼此信任的纽带

共同经历是夫妻关系中加深彼此信任的纽带。无论是喜悦还是困难，只要夫妻双方能够携手共进、共同面对，就能够加深彼此之间的了解和信任。共同经历不仅能够增进夫妻之间的感情，还能够让夫妻双方更加珍惜彼此。

在婚姻生活中，夫妻双方应该多参与共同的活动和经历，如旅行、运动、学习等。这些共同经历不仅能够增进彼此之间的了解和信任，还能够为婚姻生活增添更多的乐趣和意义。

四、不信任的危害与防范

夫妻间的不信任会带来诸多危害，如导致关系疏远、引发争吵和冲突，甚至可能导致婚姻破裂。因此，防范不信任的产生至关重要。

为了防范不信任的产生，夫妻双方应该加强沟通，增进了解，保持坦诚和尊重。同时，还要学会宽容和包容对方的缺点和不足，不要过于苛刻和挑剔。只有这样，才能建立起稳固的信任关系，让婚姻生活更加和谐幸福。

智慧谏言

　　信任是夫妻关系的基石，它关乎着家庭的幸福和未来。在婚姻生活中，夫妻双方应该坦诚相待、尊重彼此，以建立起真正的信任。

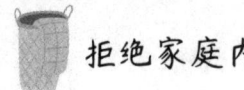

接受伴侣的独立性

　　根据心理学研究及婚姻专家的观点，当双方能够尊重并接纳彼此的独立性时，婚姻关系将更加和谐与稳固。独立性使个体保持自我成长和追求，有助于提升自我价值感和自信心，这些积极的变化会反馈到婚姻中，从而促进夫妻关系的和谐发展。同时，接受伴侣的独立性还能减少依赖和束缚，让夫妻双方在婚姻中保持适度的自由空间，有助于维护婚姻的活力和夫妻双方的新鲜感。因此，夫妻双方接受伴侣的独立性是婚姻幸福长久的重要基石。

　　在婚姻关系中，夫妻双方都是独立的个体，拥有各自的思想、情感和追求。接受伴侣的独立性不仅是对伴侣的尊重，更是对婚姻关系的珍视。它有助于夫妻双方保持自我成长，促进彼此间的理解和信任，从而为家庭注入更多的活力，促进家庭的和谐。

一、尊重与爱的体现

　　尊重伴侣的独立性，意味着认可伴侣作为独立个体的价值和权利。这种尊重不仅体现在对伴侣的选择、决定的尊重上，更体现在对伴侣个性、兴趣的接纳和欣赏上。当夫妻双方都能以尊重和爱为基础，接受对方的独立性时，婚姻关系便能更加稳固和幸福。

　　李娜是一位事业有成的职业女性，而张强则是一位热爱摄影的自由职业者。两人结婚后，李娜并没有要求张强放弃摄影事业，转而从事更稳定的职业。相反，她非常尊重张强的兴趣和选择，并经常陪伴他一起外出拍摄。张强也深受感动，更加努力地追求自己的摄影梦想。同时，他也在李娜需要时给予她事业上的支持和帮助。两人相互尊重、相互支持，共同创造了幸福的婚姻生活。

　　接受伴侣的独立性是尊重与爱的体现。当夫妻双方都能以开放和包容的心态接纳对方的独立性和差异时，他们便能更加深入地了解彼此，从而增进彼此间的感情。

二、有助于促进自我成长

在婚姻关系中，夫妻双方都应该保持自我成长和进步。接受伴侣的独立性，意味着要给予对方足够的空间和时间去追求自己的梦想和目标。这种支持不仅有助于伴侣的个人成长，也能激发自己的潜力和动力。当夫妻双方都能在婚姻中保持自我成长时，他们便能更加自信地面对生活中的挑战和困难。

居里夫人是著名的物理学家和化学家，她与丈夫皮埃尔·居里共同研究放射性元素，取得了举世瞩目的成就。在他们的婚姻生活中，居里夫人始终尊重丈夫的独立性，支持他的科学研究。同时，她也保持了自己的独立性和追求，不断在科研领域取得新的突破。两人相互激励、相互支持，共同创造了科学史上的辉煌。

这个事例说明，接受伴侣的独立性有助于促进自我成长。当夫妻双方都能在婚姻中保持独立性和追求时，他们便能更加充实和满足地生活在一起。这种相互支持和激励的关系，不仅有助于个人成长，也能为婚姻关系注入更多的活力和动力。

三、独立性是构建和谐家庭的基础

和谐的家庭需要夫妻双方共同构建和维护。接受伴侣的独立性，意味着在家庭中营造平等、尊重和理解的氛围。当夫妻双方都能以平等的心态对待彼此，尊重对方的独立性和选择时，他们便能更加和谐地相处。这种和谐的家庭氛围不仅有助于夫妻关系的稳固和幸福，也能为孩子的成长提供良好的环境。

在构建和谐家庭的过程中，夫妻双方应该注重沟通和交流。通过坦诚地表达自己的想法和感受，倾听对方的需求和意见，他们能更加深入地了解彼此，增进彼此间的信任和理解。同时，他们还应该共同承担家庭责任和义务，为家庭的幸福贡献自己的力量。

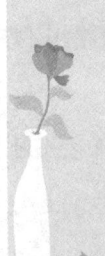

智慧谏言

接受伴侣的独立性在夫妻关系中具有重要的作用。这不仅是对伴侣的尊重和爱的体现，也是促进自我成长和构建和谐家庭的基础。因此，在婚姻生活中，夫妻双方应该注重培养和维护彼此间的独立性，以开放和包容的心态接纳对方的差异和选择。只有这样，他们才能共同创造幸福、和谐的家庭生活。

用商量代替指令

夫妻间采用商量代替指令的方式进行沟通对婚姻具有显著的积极作用。根据心理学研究及婚姻专家的观点，商量能够促进夫妻间的平等与尊重，增进双方的沟通和理解。当夫妻以商量的态度交流时，能够避免一方对另一方的强制和压迫，使双方都能感受到被重视和被尊重。这种方式有助于建立和维护夫妻间的信任，减少冲突和矛盾，从而创造和谐、稳定的婚姻环境。因此，夫妻间用商量代替指令是使婚姻幸福长久的重要法宝。

在家庭生活中，夫妻间的沟通方式至关重要。用商量代替指令，不仅是对伴侣的尊重，更是维护家庭和谐、促进夫妻关系的重要法则。

一、商量体现尊重与平等

商量是夫妻沟通的一种重要方式，它体现了夫妻双方对彼此的尊重和平等态度。在婚姻关系中，夫妻双方都是独立的个体，有着自己的想法和意愿。用商量代替指令，意味着双方愿意倾听对方的意见，尊重对方的选择，共同协商解决问题。

1938 年，钱锺书被聘请到清华大学任教，这是一份令人羡慕的职业。然而，他的父亲钱基博却屡屡来信，要他辞掉这份工作，到湖南蓝田任教，以便侍奉父亲。钱锺书没有直接答应父亲，而是专程赶回上海，与妻子杨绛商量。杨绛虽然觉得辞掉清华的工作有些可惜，但她十分理解丈夫的心情，也感念他对自己的尊重。最终，在两人的共同商榷下，钱锺书决定南下，并与杨绛一起商讨如何妥善处理辞职事宜。

这一事例说明，商量是夫妻沟通的重要方式。钱锺书在面对重大抉择时，没有擅自做主，而是与妻子共同商量，体现了对妻子的尊重。这种沟通方式有助于增进夫妻间的理解和信任。

约翰·列侬是前披头士乐队的成员，他与小野洋子的结合不仅是音乐上的碰撞，更是生活与艺术的交融。当列侬决定暂别乐坛，与小野洋子共同投身于艺术创作时，他并没有单方面做出决定，而是与妻子进行商量。小野洋子作为一位前卫艺术家，对列侬的决定给予了充分的理解和支持。两人共同商讨了对未来的规划，包括艺术创作、家庭生活等方方面面。

列侬的这一做法，体现了对妻子独立性的尊重，也彰显了商量在夫妻关系中的重要性。

二、商量增进理解

商量能够增进夫妻间的相互理解。当夫妻双方就某一问题进行商量时，他们会充分表达自己的想法和意愿，同时也会倾听对方的意见和看法。通过商量，夫妻双方可以更加深入地了解彼此的想法和需求，从而达成共识，共同解决问题。

成名后的莫言曾面临远房亲戚借钱的请求。面对这一情况，莫言并没有擅自做主，而是先与妻子商量，询问她的想法。妻子笑道，这件事你完全可以自己做主哇。但莫言还是坚持与妻子共同商讨，最终决定了借钱的数额和方式。这一做法不仅体现了莫言对妻子的尊重，也增进了夫妻间的相互理解。

这一事例说明，商量能够增进夫妻间的相互理解。莫言在面对金钱借贷问题时，没有单方面做出决定，而是与妻子共同商讨，并达成了共识。这种沟通方式有助于避免夫妻间的误解和冲突，维护了家庭的和谐与稳定。

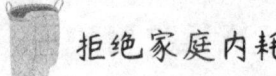

三、商量增强家庭凝聚力

商量还能增强家庭的凝聚力。当夫妻双方都愿意以商量的方式解决问题时，他们会更加紧密地团结在一起，共同面对生活的挑战。商量可以让夫妻双方都参与到家庭决策中，增强他们的归属感和责任感，从而使他们更加珍惜和维护家庭的幸福。

要实践商量沟通，夫妻双方需要做到以下几点。

保持开放心态：双方都要以开放的心态接受对方的意见和看法，不能固执己见。

积极倾听：在商量的过程中，要认真倾听对方的意见和需求，给予对方充分的表达空间。

寻求共识：双方要共同努力，寻求共识，通过协商和妥协达成共识。

尊重彼此：在商量的过程中，要尊重彼此的想法和选择，不要强迫对方接受自己的意见。

综上所述，夫妻间用商量代替指令是维护家庭和谐、促进夫妻关系的重要法则。商量体现了对伴侣的尊重，促进了夫妻间的理解，提高了家庭的凝聚力。要实践商量沟通，夫妻双方需要保持开放心态，积极倾听，寻求共识并尊重彼此。只有这样，才能共同构建和谐美满的家庭。

自我反思，察觉并改变控制行为

夫妻双方在生活中进行自我反思对婚姻具有显著的积极作用。根据心理学研究及婚姻专家的观点，自我反思能够帮助夫妻双方更深入地认识自己，理解自己在婚姻中的角色和责任，从而更有效地解决生活中出现的冲突和问题。通过自我反思，夫妻可以更加客观地评估自己的行为，发现自身的不足，进而调整和改进，以更积极、成熟的态度面对婚姻生活中的挑战。这种自我提升的过程有助于增进夫妻间的信任和亲密感，为婚姻的稳固和幸福奠定坚实的基础。在婚姻关系中，夫妻间的相处之道是一门艺术，需要双方不断地学习和调整。其中，自我反思、察觉并改变控制行为是维护婚姻关系、促进夫妻成长的重要环节。

一、自我反思：认识自己的内心世界

自我反思是夫妻间改善关系的第一步。通过深入剖析自己的内心世界，我们可以更加清晰地认识到自己在婚姻中的角色和定位，以及自己的行为和言语对伴侣所产生的影响。这种自我觉察有助于我们更好地理解伴侣，从而减少误解和冲突。

张女士和李先生结婚多年，近期因为沟通问题陷入了困境。张女士总是抱怨李先生不够关心自己，而李先生则认为张女士过于挑剔。在一次深入的自我反思后，张女士意识到自己在沟通时常常带有负面情绪，而李先生也承认自己在忙碌中忽略了妻子的感受。通过自我反思，他们开始尝试改变沟通方式，用更加平和、理解的态度与对方进行交流，最终走出了困境。

这一事例说明，自我反思有助于夫妻双方认识到自己存在的问题，从而找到改善关系的方法。只有当双方都能够坦诚地面对自己的不足时，婚姻关系才能更加和谐。

二、释放彼此的自由

在婚姻中，控制行为往往是源于对伴侣的不信任或自己的不安全感。然而，这种控制行为不仅会让伴侣感到压抑和束缚，还会破坏夫妻间的信任和亲密感。因此，察觉并改变控制行为是维护婚姻关系的重要一环。

改变控制行为需要夫妻双方的共同努力。通过沟通、协商和妥协，夫妻双方可以逐渐建立起一种更加平等、和谐的婚姻关系。在这种关系中，双方都能够自由地表达自己的想法和需求，同时也能够理解和支持伴侣的选择和决定。

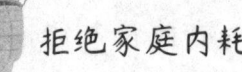

　　为了改变控制行为，夫妻双方可以采取以下措施。

　　增进信任：建立信任是改变控制行为的基础。双方要通过坦诚的沟通和共同的生活经历，来增进彼此的了解和信任。

　　学会倾听：倾听是沟通的关键。夫妻双方要学会倾听伴侣的想法和需求，给予对方充分的表达空间。

　　尊重彼此：尊重是婚姻关系中的基石。夫妻双方要尊重彼此的选择和决定，不要试图强迫对方改变。

　　共同成长：婚姻是一个共同成长的过程。夫妻双方要一起面对生活中的挑战和困难，共同学习和成长。

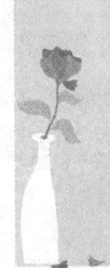

智慧箴言

　　自我反思和改变控制行为不仅有助于维护婚姻关系的和谐与幸福，还具有深远的实践意义。在这一过程中，夫妻双方可以更加深入地了解彼此，增进感情；同时也能够提升自己的沟通能力和解决问题的能力。此外，这种积极的婚姻态度还能够对子女起到良好的示范作用，使家庭关系更加和睦。

当控制欲难以自控时的解决方法

　　在婚姻关系中，控制欲往往源于内心的不安全感、恐惧感或对完美的过度追求。当一方或双方的控制欲难以自控时，会严重影响夫妻关系的和谐。

　　夫妻间控制欲的自控力对婚姻具有显著的积极作用。自控力强的人能够更好地管理自己的情绪和行为，避免在婚姻中出现过度控制或依赖的情况。根据心理学研究，自控力是情绪智力的重要组成部分，有助于个体在面对冲突和压力时保持冷静和理性。在婚姻中，当双方都能够展现出良好的自控力时，他们更能够相互尊重、理解和支持，从而建立和维护健康、平等的婚姻关系。这种积极的婚姻模式不仅有助于提升夫妻双方的幸福感和满足感，还能够为子女的成长和发展提供良好的家庭环境。因此，夫妻间控制欲的自控力是婚姻幸福和稳定的重要保障。

一、认清控制欲的根源

要解决控制欲的问题，首先需要增强自我意识，认清控制欲的根源。这通常与个人的成长经历、原生家庭环境以及性格特质有关。通过深入了解自己，夫妻双方可以更加理性地看待彼此的行为，从而减少控制欲的发作。

王先生和李女士是一对年轻夫妻，王先生因工作压力大，常常将负面情绪带回家中，对李女士的行为指手画脚。李女士感到很压抑，两人的关系变得紧张。经过自我反思，王先生意识到自己的控制欲源于对工作的焦虑和对完美生活的追求。他开始学习放松技巧，调整心态，并尝试与李女士进行更平等的沟通。李女士也表达了自己的感受，两人共同努力，逐渐改善了关系。

这一事例说明，通过增强自我意识，认清控制欲的根源，夫妻双方可以更加理性地处理彼此的矛盾，从而改善夫妻关系。

二、学会有效沟通，表达感受与需求

有效沟通是解决控制欲问题的关键。夫妻双方需要学会坦诚地表达自己的感受与需求，同时也要倾听对方的声音，理解对方的立场。通过沟通，夫妻双方会增进彼此的了解，减少误解和冲突。

小李和妻子在家庭财务管理上矛盾重重，小李控制欲强，想掌控每一笔开支。妻子对此心生不满，她找小李深谈，说自己也想参与决策，有自主支配部分资金的需求，同时也理解他对家庭经济稳定的顾虑。小李听后，开始调整与妻子的沟通方式，两人共同规划预算，于是，家庭财务方面的冲突大幅减少，夫妻关系也更加融洽。

这一事例说明，学会有效沟通，表达感受与需求，对于解决夫妻间的控制欲问题至关重要。通过沟通，可以增进彼此的理解，减少误解和冲突，从而使婚姻关系变得更加和谐。

三、寻求专业帮助，共同成长

当夫妻双方无法自行解决控制欲问题时，可以寻求专业帮助，如心理咨询师

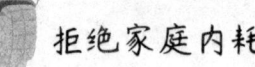

或婚姻顾问的协助。他们可以提供专业的指导和建议，帮助夫妻双方更好地了解彼此，学会处理矛盾，共同成长。

在寻求专业帮助的过程中，夫妻双方需要保持开放的心态，愿意接受对方的意见和建议。同时，也要积极参与咨询过程，共同努力来改善关系。通过专业帮助，夫妻双方可以更加深入地了解彼此的需求和期望，学会更有效的沟通方式和处理矛盾的方法，从而得到共同成长。

四、建立健康的亲密关系模式

为了解决控制欲问题，夫妻双方需要共同努力，建立健康的亲密关系模式。包括相互尊重、信任、支持以及共同承担责任。通过建立健康的亲密关系模式，夫妻双方可以更加平等地相处，减少控制欲的发作，从而维护婚姻的和谐与幸福。

在建立健康的亲密关系模式的过程中，夫妻双方需要注重以下几点。

相互尊重：尊重彼此的想法、感受和需求，不强行改变对方。

建立信任：通过坦诚的沟通和共同的经历，增进彼此的了解和信任。

提供支持：在对方需要时给予支持和帮助，共同面对生活中的挑战。

共同承担责任：共同承担家庭责任和义务，共同为家庭的幸福而努力。

在婚姻的殿堂里，控制欲的阴影时常悄然而至，它源自内心的不安与恐惧。要驱散这种阴影，需先照亮自我，认清控制欲的根源，以理性之光引导情绪。有效沟通是桥梁，让彼此的心得以靠近，感受与需求在坦诚中流淌，误解与冲突随之消散。当自我努力难以跨越障碍时，不妨寻求专业帮助，夫妻携手共进，在成长的路上不孤单。夫妻双方最终建立健康的亲密关系模式，以尊重、信任、支持与共担责任为基石，共同筑就婚姻的幸福长城，让爱在其中自由流淌，生生不息。

第四章

戒掉抱怨

为什么有的夫妻爱抱怨

在婚姻生活中，有的夫妻爱抱怨，这一现象往往源自情感需求无法满足、期望与现实的差距大以及沟通不畅等因素。根据心理学研究，当个体的情感需求，如关爱、尊重和支持等需求得不到满足时，抱怨便成为一种宣泄情绪的方式。然而，频繁的抱怨对婚姻的伤害却不容小觑。它不仅会引发夫妻间的争吵和冲突，破坏夫妻间的信任和尊重，还会逐渐侵蚀夫妻间的感情，导致亲密感和信任度下降。因此，夫妻间应学会有效沟通，坦诚表达需求与期望，同时倾听对方的声音，共同寻找解决问题的方法。只有这样，才能避免让抱怨成为婚姻中的慢性毒药，确保婚姻关系的和谐与稳定。

一、夫妻间爱抱怨的原因

1. 情感需求无法满足

夫妻之间存在着复杂的情感需求，包括关爱、尊重、支持等需求。当这些需求得不到满足时，抱怨便成为一种表达不满和宣泄情绪的方式。例如，当一方感受到被忽视或不被理解时，可能会通过抱怨来寻求对方的关注和理解。

2. 期望与现实的差距大

夫妻在婚姻中往往对彼此抱有期望，希望对方能够达到自己的标准或满足自己的需求。然而，当现实与期望产生差距时，抱怨便随之而来。这种差距可能源于生活习惯、价值观念、经济压力等多个方面。

3. 沟通不畅

有效的沟通是维系夫妻关系的重要环节。然而，当夫妻之间沟通不畅时，便容易产生误解和矛盾，进而引发一方的抱怨。沟通不畅可能源于性格差异、忙碌的生活节奏、缺乏共同话题等多种原因。

在浙江，有一对夫妻因抱怨而陷入了冷战。妻子抱怨带孩子和做家务的辛苦，而丈夫却认为妻子"啥也不干"，只是在家带孩子。妻子为了证明自己的辛苦选择"躺平"，不再做家务，只带孩子。这一行为让丈夫体会到了家务的繁重，但也加深了双方的隔阂。

这个事例说明了夫妻间缺乏理解和尊重是导致抱怨的重要原因。当一方无法体会到另一方的辛苦时，便容易产生抱怨。这种抱怨不仅无法解决问题，反而会使夫妻间的矛盾进一步升级。

二、夫妻间经常抱怨的影响

1. 破坏亲密感和信任

持续的抱怨会逐渐破坏夫妻间的亲密感和信任度。当一方经常抱怨另一方时，被抱怨的一方可能会感到沮丧、愤怒或无助，进而对抱怨者产生抵触情绪。这种情绪的积累会导致夫妻双方的隔阂和裂痕越来越深。

2. 引发负面情绪的恶性循环

抱怨往往会引发对方的反抗和反击，形成一种负面情绪的恶性循环。夫妻双方互相抱怨、指责，会使矛盾不断升级。这种负面情绪的恶性循环不仅无法解决问题，反而会使夫妻关系越来越差。

3. 影响婚姻质量

长期的抱怨和不满会对婚姻造成严重的伤害。夫妻间的感情会被逐渐消磨殆尽，取而代之的是冷漠和疏离。这种冷漠和疏离不仅会影响夫妻间的关系，还可能对子女的成长和家庭氛围产生负面影响。

三、如何减少夫妻间的抱怨

1. 加强相互理解和尊重

夫妻间应相互理解和尊重，学会换位思考，体会对方的辛苦和不易。通过增进彼此的了解，可以减少误解和抱怨的产生。

2. 改善沟通方式

有效的沟通是减少抱怨的关键。夫妻间应学会倾听对方的想法和需求，以平

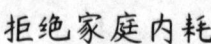
和、理性的态度进行交流。夫妻间应避免使用攻击性或指责性的语言,以免加剧矛盾。

3.共同解决问题

面对问题和困难时,夫妻应携手共进,共同寻找解决方案。通过共同的努力,可以提高夫妻间的凝聚力和信任度,从而减少抱怨和矛盾。

4.培养积极心态

积极的心态有助于减少抱怨的产生。夫妻应学会以乐观的态度看待生活中的挑战和困难,相信彼此能够共同渡过一切难关。

综上所述,夫妻间爱抱怨的原因多种多样,但无论是何种原因,持续的抱怨都会对婚姻关系造成不可逆的损害。为了维护婚姻的稳定和幸福,夫妻双方应努力减少抱怨,增进彼此的理解和尊重。

夫妻间的抱怨是婚姻生活中的一个常见问题。通过增进彼此的理解和尊重、改善沟通方式、共同解决问题和培养积极心态等方法,夫妻间可以有效地减少抱怨,增进夫妻间的感情和信任。夫妻间应珍惜彼此、相互扶持,共同努力来创造一个幸福美好的家庭!

如何应对不满和挫折

夫妻间应对不满和挫折的方式对婚姻具有显著的积极作用。根据心理学研究及婚姻专家的观点,当夫妻面对不满和挫折时,若能够以积极、理性的态度去应对,不仅能够有效化解矛盾,还能增进彼此的理解和信任。通过坦诚沟通,双方可以共同寻找解决问题的方法,这一过程有助于加深夫妻间的情感。同时,共同克服挫折的经历能够提高夫妻的团结和协作能力，使他们在未来面对生活中的挑战时更加坚强。因此，夫妻双方应学会以建设性的方式处理婚姻生活中的不满和挫折，将每一次挑战视为增进感情和提升婚姻质量的机会，从而共同创造幸福、稳定的婚姻关系。

婚姻中的不满和挫折往往源于多个方面，包括沟通不畅、期望不符、性格差异、经济压力等。这些问题若不能得到及时的解决，可能会逐渐累积，最终导致婚姻关系的紧张甚至破裂。

一、应对策略

加强沟通：沟通是解决婚姻问题的关键。夫妻双方应坦诚地表达彼此的感受和需求，倾听对方的想法，共同努力，寻找解决问题的方法。

调整期望：婚姻中的期望往往与现实存在差距。夫妻双方应理性地看待彼此的优点和不足，调整自己的期望，以更包容的心态接纳对方。

寻求专业帮助：当婚姻问题难以自行解决时，夫妻双方可以寻求心理咨询师或婚姻辅导师的帮助，通过专业的指导改善婚姻关系。

共同成长：夫妻双方应共同努力，提升自我，实现个人成长。在成长的过程中，双方可以更好地理解彼此，增强婚姻的稳定性。

二、夫妻共渡难关

据多家媒体报道，河南郑州有一对夫妻，在生意失败，负债400多万元的情况下，他们没有选择逃避或互相指责，而是携手共渡难关。妻子摆摊卖冰糖葫芦，丈夫送外卖，每天忙碌到深夜。尽管生活艰辛，但他们始终相互支持、鼓励，共同面对生活中的困境。最终，在他们共同努力下，逐渐摆脱了困境。

这个事例说明，在面对婚姻中的不满和挫折时，夫妻双方应保持积极的心态，共同面对生活中的问题。通过相互支持、鼓励和努力可以克服困难，实现家庭的幸福和稳定。这对夫妻的坚忍和团结精神是应对婚姻挑战的重要典范。

婚姻是人生中一段漫长的旅程，其中充满了挑战和机遇。在面对婚姻中的不满和挫折时，夫妻双方应保持积极的心态和理性的态度，通过加强沟通、调整期

望、寻求专业帮助和共同成长等方式来解决婚姻生活中出现的问题。

在婚姻的漫长征途中，不满与挫折是必经的磨砺。面对这些挑战，夫妻双方需保持智慧与耐心。加强沟通是解开误会、增进理解的桥梁；调整期望，以更宽容的心接纳对方，可以让爱更深厚；遇到难题时，不妨寻求专业帮助，让专家的智慧照亮前行的路；更需要共同成长，携手并进，让婚姻在岁月的洗礼中愈发坚韧。记住，每一次携手共渡都是对爱情最真挚的诠释。以积极之心，应万变之局，方能守护婚姻的美好与幸福。

学会控制和调节情绪

　　夫妻双方学会控制和调节情绪对婚姻具有显著的积极作用。根据心理学专家的研究及多家权威婚姻咨询机构的调研，他们认为情绪管理能力是维持婚姻稳定和幸福的关键因素之一。当夫妻双方都能够有效地控制和调节自己的情绪时，他们能够更好地应对婚姻生活中的各种挑战和压力，避免因情绪波动而引发冲突和矛盾。这种情绪管理的能力不仅有助于增进夫妻之间的理解和信任，还能够促进夫妻双方的有效沟通，从而建立更加和谐、稳定的婚姻关系。因此，夫妻双方应该注重提升情绪管理能力，学会在面对不满和挫折时保持冷静和理性，以建设性的方式解决问题，来共同创造幸福、美满的婚姻生活。

一、不能控制情绪的危害

　　夫妻双方若不能控制和调节情绪，对婚姻的危害不容小觑。根据心理学研究及婚姻专家的调研可知，情绪失控往往会导致夫妻双方沟通受阻，产生误解，冲突频发，从而严重破坏夫妻间的信任度和亲密感。在长期情绪不稳定的环境中，夫妻双方可能会陷入持续的争吵和冷战，甚至出现暴力倾向，严重危害婚姻关系的稳定性，对婚姻幸福构成极大威胁。此外，情绪失控还可能对子女的心理健康造成负面影响，形成不良的家庭氛围，进一步加剧婚姻危机。因此，夫妻双方必须学会控制和调节情绪，以维护婚姻的和谐与幸福。

二、情绪控制与调节的重要性

情绪是人类内心的晴雨表，它影响着我们的思维、行为和人际关系。在婚姻中，夫妻双方的情绪状态直接影响着彼此的感受和互动。当一方情绪失控时，很容易引发冲突和矛盾，甚至对婚姻造成不可逆的伤害。因此，学会控制和调节情绪是夫妻经营婚姻的一项必备技能。控制与调节情绪的方法有以下几点：

1. **认识自己的情绪**：夫妻双方需要认识自己的情绪，了解自己情绪的触发点和情绪变化的规律。这样，在情绪即将失控时，能够及时察觉并采取必要的措施进行调节。

2. **学会冷静思考**：在冲突面前，夫妻双方应保持冷静，避免情绪冲动。可以通过深呼吸、暂时离开现场等方式，先让自己冷静下来，再理性地分析问题。

3. **有效沟通**：沟通是调节情绪的关键。夫妻双方应坦诚地表达彼此的感受和需求，倾听对方的想法，共同寻找解决问题的方法。在沟通的过程中，要注意语气和措辞，避免伤害对方的感情。

4. **培养共同兴趣**：共同兴趣是夫妻之间的情感纽带。通过培养共同兴趣，可以增进夫妻之间的默契和亲密感，有助于调节情绪，缓解压力。

张先生和李女士是一对年轻夫妻，他们因为生活琐事和工作压力，经常发生争吵。一次，因为张先生加班晚归，两人又发生了激烈的争执。在情绪失控的情况下，张先生摔门而出，李女士则独自哭泣。这次事件让他们意识到，如果再这样下去，他们的婚姻将面临危机。

为了挽救婚姻，他们决定寻求婚姻咨询师的帮助。在咨询师的指导下，他们

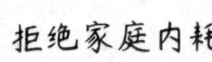

拒绝家庭内耗

学会了如何认识和调节自己的情绪。当再次发生冲突时，他们能够保持冷静，并通过有效沟通来解决问题。经过一段时间的努力，他们的婚姻关系得到了明显改善，彼此之间的感情也更加深厚了。

这个事例说明了情绪控制在婚姻中的重要性。当夫妻双方都能够认识并调节自己的情绪时，就能够避免无谓的争吵和冲突，保持婚姻的稳定和幸福。

亚伯拉罕·林肯是美国历史上著名的总统之一，他的婚姻生活也充满了智慧。林肯的夫人玛丽·托德·林肯性格急躁，经常因为一些小事发脾气。然而，林肯却总能保持冷静和耐心，用幽默和关爱来化解妻子的情绪。

有一次，玛丽因为佣人没有按时准备好晚餐而大发雷霆。林肯见状，便悄悄地走进厨房，亲自为妻子准备了一份简单的晚餐。当玛丽看到丈夫为自己做的晚餐时，她感动得热泪盈眶。从此以后，她更加珍惜与林肯在一起的时光，努力控制自己的情绪，不再轻易发脾气。

林肯与夫人的故事告诉我们，在婚姻中，一方情绪的稳定和调节对于整个家庭氛围的营造至关重要。当一方能够保持冷静和耐心时，就能够有效地化解冲突和矛盾，从而维护婚姻的稳定和幸福。

婚姻是人生中一段美好的旅程，需要夫妻双方来共同经营和维护。学会控制和调节情绪是夫妻经营婚姻的一项重要技能。通过认识自己的情绪、学会冷静思考、进行有效沟通和培养共同兴趣等方法，夫妻双方可以更好地应对婚姻中的挑战和困难。愿每一对夫妻都能够在婚姻的道路上携手共进，共同创造幸福美满的未来。

将抱怨转化为行动计划

夫妻间将抱怨转化为行动计划的积极作用显著。根据心理学研究及婚姻专家的观点，这一转变能够有效促进夫妻双方的积极沟通与协作，从而提高婚姻的稳定性。若夫妻双方能将抱怨转化为具体的行动计划，不仅可以发现问题的症结所在，还能激发夫妻双方共同解决问题的动力。这种转变有助于避免情绪化的冲突，让夫妻双方能够理性地面对挑战，通过实际行动来改善婚姻状况。此外，共同制订并执行行动计划还能增强夫妻双方的团队意识、提高协作能力，使他们在面对未来生活中的困难时更加团结和坚强。因此，夫妻双方应学会将抱怨转化为积极的行动计划，以建设性的方式解决婚姻中的问题，共同创造幸福、和谐的家庭环境。

一、抱怨与行动计划的关系

抱怨往往是源于对现状的不满和无奈，而行动计划则是对这种不满和无奈的积极回应。在婚姻中，夫妻双方应该意识到，抱怨并不能改变现状，只有通过实际行动才能解决问题。因此，当遇到不满和矛盾时，我们应该学会将抱怨转化为具体的行动计划，通过共同努力来改善婚姻关系。

二、如何将抱怨转化为行动计划

明确问题：首先，夫妻双方需要明确问题的本质和根源。只有发现问题所在，才能有针对性地制订行动计划。

沟通协商：在明确问题后，夫妻双方应该进行充分的沟通和协商，共同商讨解决方案。在沟通过程中，夫妻双方要保持冷静，避免情绪化的言辞和行为。

制订行动计划：根据沟通和协商的结果，夫妻双方可以共同制订具体的行动计划。行动计划应该明确目标、步骤和时间节点，以便夫妻双方能够有条不紊地推进。

执行与监督：制订行动计划后，夫妻双方需要共同执行计划并监督对方的进

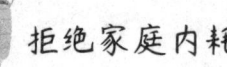

度。在执行过程中，夫妻双方要保持沟通和协作，及时调整计划以适应实际情况的变化。

王先生和李女士结婚多年，一直因为家务分配不均而争吵不断。李女士经常抱怨王先生不做家务，而王先生则认为自己工作辛苦，回家后应该休息。这种抱怨和争执让他们的婚姻关系一度陷入了僵局。

后来，一次偶然的机会，他们参加了一个婚姻辅导课程。在课程中，他们学到了如何将抱怨转化为行动计划。于是，他们开始尝试明确问题、沟通协商，并制订了一个家务分配计划。计划中规定了每个人负责的家务内容和时间，以及相互协助的方式。

经过一段时间的执行和监督，他们发现家务问题得到了有效解决，彼此之间的抱怨也大大减少，他们的婚姻关系也因此变得和谐美满。

这个事例说明了将抱怨转化为行动计划对于改善婚姻关系的重要性。通过明确问题、沟通协商和制订行动计划，夫妻双方可以共同解决问题，减少抱怨和争执，从而维护了婚姻的稳定和幸福。

智慧谏言

婚姻是人生中的美妙之旅，需夫妻双方携手并肩，共同守护与经营。在婚姻的长河中，学会将不满转化为实际行动，是每对伴侣必须掌握的技巧。面对婚姻中的种种挑战，双方应首先明确问题的症结，再通过坦诚沟通与协商，共同制订出切实可行的行动计划，并在执行的过程中相互监督，携手前行。愿每一对伴侣都能在婚姻的征途中手牵手、心连心，共同绘制出属于他们的幸福蓝图，共创美好未来。

共同面对问题，而不是让伴侣
独自承担

夫妻共同面对问题在婚姻关系中具有深远的积极作用。这一行为首先体现了夫妻间的团结与协作精神，这是维持婚姻稳定的重要基石。当夫妻双方能够共同面对问题时，他们不仅是在解决眼前的困难，更是在深化彼此之间的信任和依赖。这种共同面对问题的态度，有利于夫妻之间建立更加紧密的情感联系，使他们在面对未来生活中的挑战时，能够更加坚强和自信。

此外，夫妻共同面对问题还有助于提升他们的沟通能力和解决问题的能力。在共同面对问题的过程中，夫妻双方需要充分交流彼此的想法和意见，共同寻找解决方案。这种沟通和协作的过程，不仅能够增进夫妻之间的了解，还能够提升他们解决问题的能力，为婚姻关系的长期发展奠定坚实基础。因此，夫妻共同面对问题在婚姻关系中有着重要的积极作用，有助于促进夫妻间的团结、协作和共同成长。

一、共同面对问题的意义

共同面对问题意味着夫妻双方在遇到困难时能够坦诚相待，携手合作，共同寻找解决方案。这种做法不仅能够减轻个人的负担，还能增进夫妻间的信任与默契，使家庭变得和谐与幸福。

艾米和杰克是一对生活在美国的年轻夫妇。他们刚刚买了属于自己的第一套房子，但不久后就陷入了债务危机。由于工作不稳定和意外的医疗费用，他们的信用卡债务迅速累积。杰克为了不让艾米担心，选择独自承担这一压力，他开始加班加点，甚至借高利贷来尝试解决问题。

然而，艾米最终还是发现了真相。她并没有责备杰克，而是决定与他共同面对生活中的困难。他们一起制订了还款计划，削减了不必要的开支，并进行了专业的财务咨询。经过一段时间的共同努力，他们终于还清了债务，并学会了如何更好地管理财务。

这个事例说明，共同面对问题能够让夫妻双方更加紧密地团结在一起，共同抵御生活中的风雨。当一方遇到困难时，另一方的支持与陪伴不仅能够减轻负担，还能增进彼此的感情，促进婚姻的幸福与稳定。

丽莎和汤姆是一对生活在加拿大的中年夫妇。他们的孩子都已经长大成人，但丽莎的父母却突然生病，需要被长期照顾。汤姆深知丽莎对家庭的责任感，但他也明白这是一项艰巨的任务。

于是，汤姆主动提出与丽莎一起承担照顾她父母的责任。他们一起制订了照顾计划，轮流陪伴老人，还为老人安排了合适的医疗和康复服务。在这个过程中，他们彼此不仅加深了感情，还学会了如何更好地应对家庭中的挑战。

这个事例告诉我们，共同面对问题不仅限于经济或工作上的困难，还包括家庭中的各种挑战。当夫妻双方能够携手合作，共同承担家庭责任时，他们的婚姻将更加稳固和幸福。

二、共同担当对婚姻的积极作用

增进信任与默契： 共同面对问题能够让夫妻双方更加了解彼此的想法和需求，从而增进彼此的信任与默契。这种信任与默契是婚姻幸福的基石。

减轻负担与压力： 当夫妻双方共同分担问题时，能够减轻个人的负担与压力，从而增进夫妻双方的关系，使夫妻双方感受到家庭的温暖。

促进沟通与理解： 共同面对问题需要夫妻双方进行深入的沟通与理解。这种沟通与理解能够增进彼此的感情，促进婚姻的和谐发展。

培养责任感与担当精神： 共同担当能够让夫妻双方更加明确自己的责任与担当。这种责任感与担当精神是婚姻中不可或缺的品质，它能够让夫妻双方在困难面前更加坚强和勇敢。

　　共同面对问题而不是让伴侣独自承担，在婚姻中具有极其重要的作用。不仅能够增进夫妻间的信任与默契，减轻夫妻一方的负担与压力，还能促进夫妻双方的沟通与理解，培养责任感与担当精神。因此，在婚姻的征途中，让我们学会共同面对问题，携手共进，共同创造属于自己的幸福。

从抱怨到积极表达

　　夫妻双方积极表达在婚姻关系中起到积极的作用。积极表达不仅是一种有效的沟通方式，更是夫妻进行情感交流的重要桥梁。当夫妻双方都能够坦诚、积极地表达自己的感受、需求和期望时，他们能够更深入地了解彼此，增进情感上的亲密感。

　　积极表达有助于消除夫妻双方的误解和隔阂，促进夫妻间的相互理解和信任。通过积极表达，夫妻双方可以更加清晰地传达自己的意图和期望，避免因为沟通不畅而产生误会和冲突。同时，积极表达还能够激发夫妻间的积极情感，如爱、关怀和支持，这些情感是婚姻关系中的重要纽带，能够增强夫妻间的凝聚力和向心力。因此，夫妻间积极表达是维护婚姻稳定和幸福的重要因素之一，有助于增进夫妻间的了解、信任和亲密感，为婚姻关系的长期发展奠定坚实的基础。

一、从抱怨到积极表达的意义

　　抱怨通常源于对现状的不满和期望的落差，它往往以消极、指责的方式呈现，容易引发对方的反感和抵触。相比之下，积极表达则是以建设性的方式沟通，明确表达自己的需求、感受和期望，同时尊重对方，寻求共同解决问题的途径。

拒绝家庭内耗

苏珊和马克是一对生活在美国的夫妇，他们结婚多年，育有两个孩子。随着时间的推移，生活的琐碎和工作的压力让他们的沟通逐渐变得消极，抱怨成了他们交流的主旋律。苏珊经常抱怨马克不够关心家庭，而马克则指责苏珊过于挑剔。

一天，他们参加了一个关于夫妻沟通的研讨会，学到了积极表达的重要性。于是，他们决定尝试改变。当苏珊再次感到不满时，她没有直接抱怨，而是告诉马克："我觉得最近家里的事情让我很累，我希望你能多帮我分担一些。"马克听后没有反驳或逃避，而是认真地说："我理解你的感受，我会尽量调整我的工作，多抽一些时间帮你分担。"

通过积极表达，苏珊和马克的沟通变得更加顺畅，他们的关系也逐渐得到了改善。他们开始更加关注对方的需求和感受，共同解决问题，而不是陷入无休止的抱怨和指责中。

这个事例说明，从抱怨到积极表达，能够让夫妻间的沟通更加有效，从而减少误解和冲突。当双方都能坦诚地表达自己的需求和期望，并愿意倾听对方的声音时，他们就能更好地理解彼此，共同面对生活中的挑战。

艾米和杰克是一对生活在英国的普通夫妇，他们的婚姻生活也曾因抱怨而陷入困境。然而，在一次偶然的机会下，他们参加了一个在线婚姻辅导课程，学到了积极表达的重要性。

艾米开始尝试用婉转的语气来表达自己的感受和需求，而不是指责杰克。例如，当杰克忘记做家务时，艾米会说："我感到有些失望，因为我希望我们能一起分担家务。"这样的表达方式让杰克更容易接受，并愿意主动改正。

同时，杰克也学会了倾听和反馈。当艾米表达自己的感受时，他会认真倾听，并尝试理解她。然后，他表达了自己的歉意和改正的决心。这样的沟通方式让他们的关系更加和谐，也让他们更加珍惜彼此。

通过积极沟通，艾米和杰克的婚姻生活得到了极大的改善。他们不再因为琐事而争吵，而是学会了理解和包容对方。他们的故事告诉我们，积极表达是婚姻中不可或缺的一部分，能够让夫妻间的关系更加紧密，也能够让婚姻更加幸福美满。

二、国外的研究与观点

根据多项国外研究，积极表达在婚姻中具有重要作用。例如，《婚姻与家庭》杂志曾指出，积极表达能够增进夫妻间的亲密感和信任度，减少冲突和误解。此外，心理学家约翰·戈特曼也强调，积极沟通是维系婚姻的关键因素之一。

三、积极表达对婚姻的正面作用

增进理解与共鸣：积极表达能够让夫妻双方更加深入地了解彼此的想法和感受，产生情感共鸣，从而加强情感联系。

减少误解与冲突：通过明确表达自己的需求和期望，夫妻双方可以减少误解和冲突，避免小问题演变成大矛盾。

提升解决问题的能力：积极表达鼓励夫妻双方共同面对问题，寻求解决方案，从而提升他们解决问题的能力。

增强婚姻的稳定性：当夫妻双方都能积极地沟通时，他们的婚姻将更加稳定，能够抵御外界的压力和挑战。

智慧谏言

从抱怨到积极表达是夫妻间沟通的重要转变。这一转变不仅能够增进夫妻双方的理解，使夫妻双方产生情感共鸣，减少误解与冲突，还能提升夫妻双方解决问题的能力，提高婚姻的稳定性。因此，在婚姻的征途中，让我们学会积极表达，以建设性的方式进行沟通，共同创造属于我们的幸福未来。通过积极表达，可以让婚姻更加美满，也可以让家庭成为我们最坚实的后盾。

第五章

戒掉爱翻旧账的坏习惯

为什么有的人爱翻旧账

夫妻间爱翻旧账的行为，往往源于过往问题未得到妥善解决以及情感需求未获得满足。在婚姻生活中，当夫妻双方对某些事件存在分歧或不满，而这些问题又未得到及时、有效的沟通和处理时，它们便可能成为日后翻旧账的素材。此外，当一方的情感需求长期得不到另一方的关注和满足时，翻旧账也可能成为表达不满和寻求关注的一种方式。

然而，夫妻间爱翻旧账对婚姻的危害不容小觑。它极易破坏夫妻间的信任，使夫妻双方产生不安全感，让原本可以和平解决的小问题演变成无法调和的大矛盾。同时，翻旧账还会导致夫妻间的沟通障碍，使问题难以得到解决，隔阂会越来越深。因此，夫妻间应避免翻旧账，而是通过积极、有效的沟通来处理问题，共同维护婚姻的稳定和幸福。

一、形成原因分析

1. 心理防御机制

翻旧账往往是一种心理防御机制。当夫妻之间发生争执时，一方为了保护自己，可能会选择翻出旧账来作为攻击对方的"武器"。这种行为实际上是一种自我保护的手段，试图通过指出对方过去的错误来削弱对方的攻击力。

2. 沟通不畅

沟通不畅也是导致翻旧账的重要原因。当夫妻之间缺乏有效的沟通时，问题往往无法得到及时解决。随着时间的推移，这些问题会积累下来，成为双方心中的"刺"。一旦再次发生争执，这些旧账就会被翻出来，成为攻击对方的"炮弹"。

3. 情绪宣泄

有时翻旧账只是一种情绪宣泄的方式。当一方在争执中处于劣势时，可能会选择翻出旧账来发泄自己的情绪。这种行为虽然能够暂时缓解内心的压力，但无法真正地解决问题，反而会使夫妻间的矛盾进一步升级。

4. 性格因素

性格因素也是导致翻旧账的原因之一。有些人天生比较敏感、多疑，容易对过去的事情耿耿于怀。这种性格特点使得他们在争执中更容易翻出旧账来作为攻击对方的依据。

二、翻旧账的危害

翻旧账会严重破坏夫妻间的信任。当一方频繁地翻旧账时，另一方会感到自己被不断地质疑和攻击，从而导致信任度逐渐丧失。信任的缺失是夫妻关系中最致命的问题之一，它会使夫妻双方变得疏远和冷漠，除此之外，还有其他危害。

1. 加剧矛盾

翻旧账往往会使矛盾进一步加剧。本来只是一个小争执，但由于翻旧账，问题会变得复杂且难以解决。双方都会陷入对过去事件的纠缠中，无法集中精力解决当前的问题。

2. 伤害感情

翻旧账会严重伤害夫妻间的感情。每次翻旧账都是对对方的一种伤害，这种伤害会不断积累，最终导致感情破裂。即使双方能够勉强维持婚姻关系，也会变得形同陌路。

3. 影响家庭氛围

翻旧账还会影响家庭氛围。一个充满争执和矛盾的家庭环境对孩子的成长极为不利。孩子会感知到父母的关系紧张，从而影响他们的心理健康和成长。

三、如何应对翻旧账的行为

1. 加强沟通

加强沟通是解决翻旧账问题的关键。双方应该坦诚地表达自己的感受和想法，倾听对方的意见和需求。通过有效的沟通，及时解决问题，避免矛盾的积累。

2. 学会宽容

学会宽容是减少翻旧账行为的重要方法。每个人都有自己的过去，我们应该

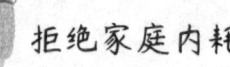

学会接受和包容对方的不足。不要总是盯着对方的过去不放，而是要看重现在的努力和改变。

3. 控制情绪

控制情绪是避免翻旧账的重要手段。在争执中，双方都应该保持冷静和理智，不要让情绪失控。当感觉情绪激动时，可以通过深呼吸、暂时离开现场等方法来缓解情绪。

4. 寻求专业帮助

如果翻旧账的行为已经严重影响到夫妻关系，可以考虑寻求专业帮助。心理咨询师或婚姻治疗师可以帮助双方找到问题的根源，并提供有效的解决方案。

翻旧账是夫妻相处过程中的一种常见的、极具破坏性的行为。它源于心理防御机制、沟通不畅、情绪宣泄和性格因素等多方面原因。翻旧账会破坏夫妻间的信任，加剧矛盾，伤害感情，从而影响家庭的氛围。为了维护夫妻间关系的和谐与稳定，双方应该加强沟通，学会宽容，控制情绪，并在必要时寻求专业帮助。只有这样，才能共同创造一个温馨、幸福的家庭环境。

学会原谅与释怀

在家庭生活中，夫妻相处如同小船航行在波涛汹涌的大海，时而平静，时而面对狂风巨浪。在这段旅程中，学会原谅与释怀是维系婚姻、促进家庭和谐的关键。夫妻间学会原谅与释怀对婚姻关系的积极作用显著。在婚姻生活中，双方难免会遇到误解、冲突和伤害，而原谅与释怀则是修复裂痕、重建信任的关键。当夫妻中的一方能够真诚地原谅另一方的过错，并释怀心中的怨恨时，不仅能够减轻双方的心理负担，还能够促进夫妻间的情感交流，增进彼此的理解和信任。同时，原谅与释怀也有助于夫妻间建立更加积极、健康的沟通模式，避免将过去的矛盾和问题带入未来的生活中，从而维护婚姻的稳定。因此，夫妻间应该学会以宽容和理解的心态面对彼此的过错，勇于原谅，善于释怀，共同创造和谐美满的婚姻生活。这一观点也符合众多婚姻专家和心理学家的看法，是夫妻相处之道中的重要一环。

一、原谅与释怀的内涵

原谅是对他人过错的一种宽容和接纳；释怀则是对内心纠葛的一种放下和超脱。在夫妻关系中，原谅与释怀意味着不再让过去的矛盾和伤害成为阻碍彼此关系的绊脚石，而是以更加积极、开放的心态去面对未来。

张辉和妻子因为房子装修风格的问题大吵一架，张辉一气之下说了很多伤人的话，妻子也因此伤心了许久。后来张辉冷静下来，诚恳地向妻子道歉，妻子看着他懊悔的样子，想到多年来的感情，决定原谅他。她不再纠结于那些伤人的话语，释怀了心中的委屈。此后，他们更加注重沟通，遇到分歧也能心平气和地进行讨论。

这个事例告诉我们，夫妻间的原谅与释怀能修复感情裂痕，让关系在经历波折后更深厚，以爱和理解化解矛盾才能走得长远。

赵强和妻子曾因孩子的教育方式产生了严重分歧。赵强私自给孩子报了许多课外班，妻子觉得孩子压力太大，两人为此争吵不断，甚至冷战了许久。后来，赵强意识到自己的独断专行伤害了妻子，主动向妻子认错。妻子想到赵强也是为了孩子好，便原谅了他，也释怀了心中的怨愤。他们一起重新商讨孩子的教育计划，互相尊重彼此的意见。

这个事例再次证明了原谅与释怀在婚姻关系中的重要性。在夫妻关系里，原谅与释怀是修复关系的关键。过往的矛盾不应成为彼此的心结，夫妻双方只有相互谅解，才能打破僵局，让感情在经历考验后更加稳固，共同为家庭创造更美好的未来。

二、原谅与释怀对婚姻的积极作用

增进信任与理解：原谅与释怀能够消除夫妻间的隔阂和猜疑，增进彼此之间的信任和理解。当双方都能够以宽容的心态去面对对方的过错时，就能更加深入地了解彼此的想法和需求，从而建立起更加稳固的感情基础。

促进沟通与和谐：学会原谅与释怀能够使夫妻间的沟通更加顺畅、有效。当双方都能够放下过去的恩怨，以平和的心态去交流时，就能更加理性地解决问题，避免矛盾的进一步升级。同时，这也有助于营造和谐、温馨的家庭氛围。

提升幸福感与满足感：原谅与释怀能够让夫妻双方更加珍惜彼此，感受到更多的幸福和满足。当双方都能够以积极的心态去面对婚姻中的挑战时，就能更加感恩对方的付出，从而共同创造更加美好的未来。

提高婚姻的稳定性：学会原谅与释怀是维系婚姻稳定的重要因素之一。婚姻生活中难免会遇到各种挑战和困难，但只要夫妻双方都能够以宽容和理解的心态去面对，就能够共同克服这些难题，让婚姻更加稳固和长久。

智慧谏言

通过对以上两个真实事例的分析，我们可以深刻地认识到原谅与释怀在婚姻关系中的重要性。它不仅能够增进夫妻间的信任与理解，促进沟通与和谐，还能提升幸福感与满足感，提高婚姻的稳定性。因此，在婚姻生活中，我们应该学会以更加宽容和理解的心态去面对彼此的过错和挑战，共同创造一个幸福、美满的家庭。

从过去的错误中吸取经验教训
而不是抱怨

夫妻双方要学会从过去的错误中吸取经验教训而不是抱怨，这对婚姻关系具有显著的积极作用。当夫妻双方能够理性地看待过去发生的错误，并从中吸取经验教训时，他们不仅能够避免重蹈覆辙，还能够促进个人的成长和夫妻关系的稳定。这种积极的学习态度有助于夫妻间建立更加健康、有效的沟通模式，减少无谓的争执和抱怨。通过吸取经验教训，夫妻双方可以更加深入地了解彼此的需求和期望，从而在未来的生活中更好地满足对方，增进彼此的幸福感和满意度。此外，夫妻双方从错误中学习还能够提升他们解决问题的能力，使他们在面对困难时能够团结协作。因此，夫妻双方应该学会放下抱怨，以积极的心态，从过去的错误中汲取智慧，共同创造更加美好的未来。

一、从过去的错误中吸取经验教训的意义

从过去的错误中吸取经验教训，意味着夫妻双方能够正视自己的不足和错误，并从中吸取教训。这种积极的心态和行为不仅有助于个人成长和进步，更能够促进夫妻关系的和谐与稳定。当双方都能够以开放和包容的心态去面对彼此的过错时，他们就能够更加深入地了解彼此的需求和想法，从而建立起更加稳固的感情基础。

约翰和玛丽是一对来自美国的夫妻，他们的婚姻曾经因为约翰的酗酒问题而陷入危机。约翰的酗酒不仅影响了他的工作，更让玛丽感到失望。然而，在经历了一次严重的争执后，他们选择坐下来坦诚相对，共同面对这个问题。

玛丽表达了她对约翰酗酒行为的担忧和不满，而约翰也承认了自己的错误，并承诺会努力戒酒。他们没有选择抱怨和指责，而是从过去的错误中吸取经验教

训，努力改善彼此的关系。约翰参加了戒酒计划，并逐渐恢复了健康的生活方式。玛丽也给予了约翰足够的支持和理解，帮助他度过了戒酒过程中的艰难时刻。

经过一段时间的共同努力，约翰和玛丽的婚姻关系得到了修复。他们重新找回了彼此之间的信任和亲密感，更加珍惜彼此的婚姻。

他们的故事告诉我们，夫妻双方要善于从过去的错误中吸取经验教训，并勇于改变和调整自己，这是夫妻间重获幸福的关键。

安东尼和苏珊是一对来自英国的夫妻，他们在共同创业的过程中经历了许多困难和挑战。起初，他们的公司因为管理不善而陷入了困境，导致夫妻关系也受到了影响。然而，他们并没有抱怨和指责对方，而是从过去的错误中吸取经验教训，共同努力，改善公司的经营状况。

安东尼和苏珊开始参加各种商业培训课程，学习如何更好地管理公司和团队。他们互相支持、互相鼓励，共同面对、解决困难。经过一段时间的努力，他们的公司逐渐走出了困境，并取得了不错的业绩。

在这个过程中，安东尼和苏珊不仅学会了如何更好地经营公司，更学会了夫妻之间如何更好地相处。

安东尼与苏珊的故事告诉我们，从过去的错误中吸取经验教训，并勇于面对挑战和困难，是夫妻间共同成长、共同成功的关键。

二、从过去的错误中吸取经验教训对婚姻的积极作用

夫妻双方从过去的错误中吸取经验教训，意味着他们能够正视自己的不足和错误，并从中吸取教训。这种自我反思和成长的过程不仅有助于个人能力的提升，更能够让夫妻双方在婚姻中更加成熟和理智。

增进夫妻间的信任和理解：当夫妻双方都能够从过去的错误中吸取经验教训时，就能够更加深入地了解彼此的需求和想法。这种相互理解和包容的心态有助于增强夫妻间的信任感和亲密感，从而建立起更加稳固的感情基础。

促进婚姻关系的和谐与稳定：从过去的错误中吸取经验教训，意味着夫妻双方能够共同面对问题，并努力寻找解决问题的方案。这种积极的心态和行为，有

助于化解婚姻中的矛盾和冲突，促进夫妻关系的和谐与稳定。

　　为子女树立良好的榜样：夫妻双方从过去的错误中吸取经验教训的行为，不仅能够促进自身关系的和谐与稳定，更能够为子女树立良好的榜样。子女在成长过程中会模仿父母的行为和态度，因此父母之间的积极互动和相互理解有助于培养子女健康的人格和心态。

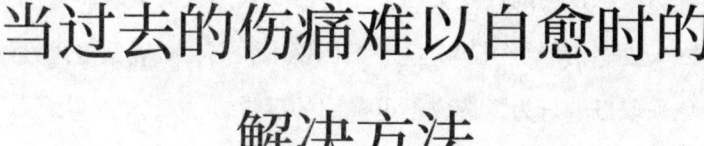

　　　　夫妻双方能够从过去的错误中吸取经验教训，而非抱怨，这种智慧体现了夫妻的成熟与理智，有助于个人成长和夫妻关系的改善。通过吸取经验教训，夫妻双方能深入了解彼此的需求，增强信任和理解，共同面对问题并寻找解决方案。这种积极的态度和行为是化解矛盾、促进婚姻和谐与稳定的关键。因此，夫妻双方应学会放下抱怨，以积极的心态从错误中汲取智慧，来共同创造美好未来。

当过去的伤痛难以自愈时的
解决方法

　　夫妻双方学会用积极的经历取代负面记忆，对婚姻关系的稳固、增加幸福感具有深远的影响。在长期的共同生活中，夫妻难免会遇到各种困难和挑战，这些经历可能会给夫妻双方留下负面记忆，对夫妻双方的感情造成损害。然而，通过有意识地创造和珍惜积极的经历，夫妻可以逐渐淡化并忘记那些负面记忆，从而加深彼此之间的情感。

　　积极的经历能够激发夫妻间的正面情绪，如快乐、满足和感激，这些情绪有

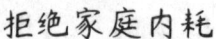

助于提升婚姻的满意度和幸福感。根据心理学研究，积极的情绪体验能够促进个体的心理健康，提高应对压力的能力，从而在婚姻中形成更加坚忍和乐观的态度。当夫妻双方共同努力，用积极的经历填充彼此的生活时，他们的婚姻关系将更加和谐美满，共同创造出更多值得珍藏的记忆。因此，夫妻双方应该学会用积极的经历取代负面记忆，让爱情在岁月的洗礼中愈发醇厚。

一、遭遇感情伤痛不能自拔的危害

夫妻间遇到感情伤痛不能自拔，其危害不容小觑。当夫妻双方陷入情感困境无法自拔时，不仅会导致个人心理健康受损，还可能对婚姻关系造成毁灭性的打击。根据心理学研究，长期处于负面情绪中会影响个体的认知功能、情绪调节能力和社会功能，甚至会引发抑郁症、焦虑症等心理疾病。同时，这种不良情绪还会在夫妻间相互传染，形成恶性循环，进一步加剧感情伤痛。因此，夫妻在遇到感情伤痛时，应学会及时调节自己的情绪，积极寻求解决问题的途径，避免陷入无法自拔的境地。只有这样，夫妻双方才能维护婚姻关系的健康与稳定，共同创造幸福的未来。

2022年1月18日，在广西贺州市八步区，一对夫妻因感情纠纷而发生悲剧。丈夫黄某某驾车在酒店门口冲撞妻子，致其轻伤。随后黄某某跳楼自杀身亡。

这一事件引起了社会的广泛关注。据广西贺州市公安局八步分局发布的警情通报，案件因夫妻感情纠纷引起。这一案例警示人们，夫妻间应理性地去面对感情问题，避免采取极端行为，造成不可挽回的后果。

二、正视伤痛，坦诚沟通

夫妻双方需要正视过去的伤痛，不要逃避或掩盖。只有勇敢地面对问题，才能找到解决问题的方法。同时，坦诚沟通也是解决伤痛的关键。双方需要坐下来，心平气和地交流彼此的感受和想法，了解对方的立场和观点。

谢海华与谢芳的故事是一曲关于爱情与坚守的赞歌。谢芳在见义勇为时身受重伤，导致瘫痪在床。面对这样的困境，谢海华没有选择逃避，而是毅然决然地与谢芳结婚，并承担起照顾她的重任。多年来，谢海华不离不弃，细心照料谢芳，帮助她重新面对生活。他们的故事感动了无数人，也让我们看到了在伤痛面前，夫妻间坚守与付出的力量。

谢海华与谢芳的故事告诉我们，当夫妻间出现难以自愈的伤痛时，坚守与付出是解决问题的关键。通过不懈的努力和付出，夫妻双方可以共同克服困难，重建幸福的家庭。

有一对夫妻因家庭琐事产生矛盾，甚至闹到了离婚的地步。然而，在冷静思考后，他们决定坐下来坦诚沟通。他们回忆起过去共同度过的美好时光，以及彼此为家庭付出的努力。通过沟通，他们逐渐理解了对方的立场和感受，也找到了问题的根源。最终，他们决定放下过去的恩怨，重新开始。

这个事例告诉我们，坦诚沟通是解决夫妻间伤痛的有效途径。通过沟通，夫妻双方可以了解彼此的想法和需求，找到问题的症结所在，并共同寻求解决问题的方法。

三、解决感情伤痛的方法

寻求专业帮助：当夫妻间的伤痛难以自愈时，可以寻求专业心理咨询师或婚姻顾问的帮助。他们可以提供中立的观点和有效的解决方案，帮助夫妻双方重新建立健康的婚姻关系。中国心理卫生协会的数据显示，专业的心理咨询对于解决夫妻间的矛盾和问题具有显著效果。

建立信任机制：信任是良好的夫妻关系的基石。当过去的伤痛破坏了夫妻间的信任时，夫妻双方需要共同努力，建立新的信任机制。这可以通过坦诚沟通、共同制定规则和目标等方式实现。

培养共同兴趣：共同的兴趣和爱好能够增进夫妻间的感情和默契。当夫妻间出现伤痛时，可以尝试一起参加一些活动或课程，培养共同的兴趣爱好，从而转移注意力，缓解伤痛。

学会宽容与谅解：在夫妻关系中，宽容与谅解是必不可少的。当对方犯错或造成伤害时，要学会宽容，去谅解对方，这能够让夫妻关系更加和谐稳定。同时也要学会自我反省和成长，避免再次犯同样的错误。

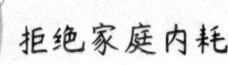

智慧谏言

当过去的伤痛难以自愈时，夫妻双方需要正视问题、坦诚沟通，并寻求有效的解决方法。通过寻求专业帮助、建立信任机制、培养共同兴趣和学会宽容与谅解等方式，夫妻双方可以逐渐忘记伤痛，重建幸福的家庭。谢海华与谢芳的故事以及网络上很多夫妻双方和解的故事都告诉我们，只要夫妻双方愿意付出努力和时间，就没有什么问题是解决不了的。

第六章

戒掉冷战

为什么冷战会伤害夫妻关系

夫妻间的冷战是一种隐性的冲突方式，往往会对夫妻关系造成深远的伤害。在冷战期间，夫妻双方通常选择沉默和回避，导致沟通渠道受阻，沟通障碍随之产生。这种缺乏有效沟通的状态，使得夫妻双方难以理解对方的真实想法和需求，进而加深了彼此的误解和隔阂。在冷战期间，夫妻双方往往缺乏亲密的互动和关心，使夫妻情感逐渐疏远。长时间的情感疏远，会让夫妻双方感到孤独和无助，甚至对婚姻关系产生怀疑和不满。

冷战还会破坏夫妻间的信任。在冷战期间，夫妻双方可能会互相猜疑和指责，导致信任基础受到损害。一旦信任被打破，夫妻间的关系就难以恢复到原有的亲密和稳定状态。这种信任的缺失，不仅会影响夫妻间的日常相处，还可能给未来的婚姻生活带来隐患。

一、冷战是情感的隐形杀手

顾名思义，冷战是指夫妻双方在不发生直接冲突的情况下，通过沉默、冷漠、忽视等方式表达不满和愤怒。这种看似"和平"的状态，实则暗流涌动，对夫妻关系的破坏力不容小觑。

1. 沟通中断，误解加深：冷战期间，夫妻双方往往拒绝交流，导致信息无法有效传递，误解和猜疑因此而生。长此以往，这些负面情绪会像滚雪球一样越滚越大，最终成为难以逾越的鸿沟。

2. 情感疏离，信任瓦解：冷战会让夫妻之间的情感联系逐渐淡化，信任基础受到严重损害。当一方感受到另一方的冷漠时，自然会怀疑对方的感情和对婚姻的忠诚度，从而使夫妻关系更加紧张。

张先生和李女士结婚五年，曾是一对令人羡慕的夫妻。然而，随着时间的推移，生活中的琐事逐渐消磨了他们的激情。一次偶然的争执后，两人开始了长达半年的冷战。在冷战期间，他们几乎不说话，连基本的问候都没有。张先生每天早出晚归，李女士则沉浸在自己的世界里。家里的气氛变得越来越压抑，连空气都仿佛凝固了。

有一天，李女士在朋友圈看到张先生与一位异性的合影，照片中的丈夫笑得那么开心，这是他久违的笑容。李女士的心被深深地刺痛了，她意识到这段婚姻已经走到了尽头。在后来的离婚谈判中，他们才坦诚地交流了彼此的不满和误解。原来，那次争执只是导火索，真正的问题在于他们长期以来的沟通不畅和情感疏离。

这个事例说明，冷战不仅无法解决问题，反而会让问题变得更加复杂和难以解决。当夫妻双方都选择沉默时，误解和猜疑就会像野草一样疯长，最终吞噬原本美好的感情。

3. 负面影响扩散，家庭氛围恶化：冷战不仅会影响夫妻双方，还会波及整个家庭。孩子在冷漠的家庭环境中成长，容易形成孤僻、敏感的性格，甚至对婚姻和家庭产生负面认知。

鲁迅是中国现代文学史上伟大的作家，但他的婚姻生活却充满了遗憾。鲁迅与朱安的婚姻是典型的旧式婚姻，由父母包办。虽然鲁迅出于对母亲的孝顺，接受了这段婚姻，但他与朱安之间并没有感情基础。婚后，他们过着一种相敬如宾却又形同陌路的生活。

鲁迅忙于进行文学革命和写作，朱安则默默守候在家中，两人很少交流。这种冷战式的婚姻生活持续了数十年，直到鲁迅去世。朱安在回忆这段婚姻时，曾感慨地说："大先生（鲁迅）对我很好，但我们的婚姻却像一潭死水。"

鲁迅与朱安的故事虽然有特定的历史背景，但也揭示了冷战对夫妻关系的破坏力。即使在外人看来他们是一对和睦的夫妻，但夫妻双方内心的孤独和疏离感却是无法言说的痛。

二、冷战的深层剖析与应对之道

通过上述事例，我们可以看出，冷战对夫妻关系的伤害是全方位且深远的。

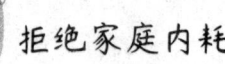

拒绝家庭内耗

它不仅破坏了夫妻双方的沟通和信任，还可能导致情感的疏离和家庭的解体。因此，面对夫妻间的矛盾和冲突，我们应该采取积极有效的措施来化解冷战。

加强沟通，坦诚交流： 沟通是解决问题的关键。夫妻双方应该坦诚地表达自己的想法和感受，倾听对方的意见和需求，共同寻找解决问题的方法。

学会妥协，相互包容： 在婚姻生活中，没有绝对的对与错。夫妻双方应该学会妥协和包容，尊重彼此的差异和选择，以大局为重，共同维护家庭的和谐。

寻求专业帮助，及时止损： 当冷战持续升级，双方无法自行解决时，可以寻求心理咨询师或家庭治疗师的帮助。专业人士能够提供更具体的建议和指导，帮助夫妻双方重建信任和感情。

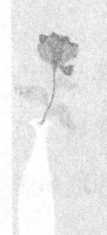

夫妻间的冷战像一把隐形的利刃，可以悄然割裂双方的情感纽带。通过对具体事例的剖析，我们可以深刻地认识到冷战对夫妻关系的破坏力。因此，在婚姻生活中，我们应该珍惜彼此的感情，加强沟通和理解，共同构建一个温馨和谐的家庭环境。只有这样，才能让爱情在岁月的长河中历久弥新，让家庭成为我们最坚实的避风港。

学会健康地表达不满

夫妻间学会健康地表达不满对维护婚姻关系的和谐与稳定，具有积极作用。心理学理论和婚姻专家都强调了有效沟通的重要性，而健康地表达不满正是有效沟通的关键之一。

当夫妻之间出现矛盾时，应采用积极、建设性的方式表达出自己的不满，可以让夫妻双方更加了解彼此的需求和期望。这种表达方式有助于减少夫妻双方的误解和猜疑，增进彼此的理解，从而避免冲突的进一步升级。同时，健康地表达不满还可以促进问题的解决。通过明确表达自己的不满和诉求，夫妻双方可以共同寻找解决问题的方法，进而改善婚姻关系。

当一方对另一方的行为感到不满时，可以选择在适当的时机和场合下，以平和的语气表达自己的感受和期望。这样做不仅可以让对方了解自己的需求，还可以为夫妻双方提供一个共同解决问题的机会。夫妻双方学会健康地表达不满，对于加强沟通、增进理解、解决问题以及维护婚姻关系的和谐与稳定具有重要的意义。

一、健康地表达不满的重要性

健康地表达不满，意味着能够以非攻击性的方式表达出自己的感受和需求，同时倾听对方的感受，理解对方的立场。这样的沟通方式有助于：

增进理解： 通过开放而诚恳的对话，双方能更深入地了解彼此的想法和感受，减少误解和猜疑。

强化信任： 坦诚交流是建立和维护信任的基础，它让夫妻更加确信无论遇到什么问题，都能共同面对和解决。

促进成长： 每一次有效沟通都是一次学习和成长的机会，它能帮助夫妻双方不断完善自我，优化相处模式。

大强（化名）和小雪（化名）是一对年轻夫妻，面对生活的压力和忙碌的工作，两人时常因为琐事产生摩擦。一次，因为家务分配不均，两人陷入了冷战。为了打破僵局，他们决定尝试一种新的沟通方式——"情绪日记"。每天，他们都会在固定的时间，用文字记录下当天的不满和期望，然后交换阅读，并约定阅读后不即时进行反驳，而是第二天再讨论解决方案。

通过这种方式，大强和小雪逐渐学会了以更加平和、理性的态度表达自己的不满。他们发现，原来很多看似不可调和的矛盾只是源于沟通不畅或误解。随着"情绪日记"的持续，两人的关系不仅得到了修复，还变得更加亲密无间。

这个事例说明，夫妻双方健康地表达不满不仅能够及时化解矛盾，还能增进夫妻之间的理解和信任。通过书面的形式交流沟通，夫妻双方有了更多的时间和空间去思考和整理自己的情绪，从而避免了口头交流时可能产生的冲动和误解。

让我们来看一对现代情侣的真实事例。

李明和小雨是一对因工作原因而分居两地的夫妻。在一次视频通话中，小雨发现李明总是忙于工作，忽略了她的感受和需求。于是，她决定通过电子邮件的方式，向李明表达自己的不满。

在邮件中，小雨没有直接指责李明，而是先表达了自己的感受和期望："我最近感觉有些孤单，因为我们之间的交流越来越少了。我希望我们能够多一些时间聊天儿，分享彼此的生活。"接着，她提出了具体的建议："或许我们可以约定一个固定的时间，每天视频通话半小时，聊聊彼此的日常和心情。"

收到邮件后，李明深感愧疚，他意识到自己的确忽略了小雨的感受。于是，他立即回复了邮件，向小雨道歉，并承诺会按照她的建议去做。通过健康地表达不满，李明和小雨不仅解决了问题，彼此还增进了感情。

这个事例告诉我们，健康地表达不满需要做到以下几点：首先，要以平和的态度去沟通，避免情绪化的言辞；其次，要明确表达自己的感受和期望，而不是指责对方；最后，要提出具体的解决方案。

二、表达不满的策略

选择合适的时机和环境：夫妻双方应避免在情绪激动或对方忙碌时表达自己的不满，选择一个双方都能静下心来交流的时机和环境。

以"我"为主语来表达感受：如"我感到……"而不是"你总是……"，这样可以避免对方产生防御心理。

具体描述问题：清晰、具体地描述引起不满的行为或情境，避免泛泛而谈或指责对方。

倾听与反馈：给予对方充分的时间来表达自己的想法和感受，认真倾听并给予对方积极的反馈。

共同寻求解决方案：将重点放在如何解决问题上，而不是争论谁对谁错，共同探讨并实施可行的解决方案。

有效沟通是婚姻关系的基石，而健康地表达不满是沟通的关键。当夫妻中任何一方产生不满时，应以平和的态度，选择合适的时机与环境，科学解决具体问题，避免指责。同时，要倾听对方的想法，给予对方积极的反馈，共同寻求解决方案。这样的沟通方式能增进夫妻间互相理解，强化信任，促进夫妻双方成长。健康地表达不满不仅能及时化解矛盾，还能加深夫妻间的情感联系。因此，夫妻双方应学会这一智慧，以建设性的方式处理不满，维护自己的婚姻关系。

找解决问题的方法而不是冷战

冷战往往会导致夫妻双方情感疏离，问题积压，最终可能引发更大的矛盾。相反，积极寻找解决问题的方案能够直接面对问题，促进双方的理解和沟通，增强夫妻间的信任与合作。当夫妻遇到分歧或冲突时，主动寻求解决之道意味着夫妻双方愿意共同努力，克服障碍。在这一过程中，夫妻双方需要开放心态，倾听对方的意见，理解彼此的立场，从而找到夫妻双方都能接受的解决方案。这样的互动不仅有助于实际解决问题，更能增进夫妻间的情感交流，加深彼此的了解。

通过共同解决问题，夫妻能够学习到更有效的沟通技巧，提升处理问题的能力。这种能力的提升有助于夫妻双方在未来的婚姻生活中，更加从容地应对各种挑战。同时，共同解决问题的过程也能加深夫妻间的情感连接，让夫妻双方更加

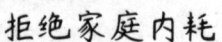

确信，无论遇到什么难关，他们都能携手共渡。

一、开放沟通是解决问题的前提

开放沟通是夫妻间解决问题的前提。只有夫妻双方都能够坦诚地表达自己的想法和感受，才能找到问题的根源，进而寻求解决的方案。冷战只会让问题变得更加复杂，难以解决。

张先生和李女士是一对结婚多年的夫妻。近年来，他们因为工作忙碌，导致沟通越来越少，感情逐渐疏远。一次，因为家庭琐事，两人发生了争执，之后陷入了长时间的冷战。冷战期间，家里气氛压抑，两人都感到痛苦不堪。

终于，张先生意识到这样下去不是办法，决定主动打破僵局。一个周末，他邀请李女士一起出去散步。在轻松的氛围中，张先生首先开口，表达了自己对冷战的不满和想要解决问题的意愿。李女士听后，也坦诚地表达了自己的感受和想法。通过这次沟通，他们发现原来彼此都误会了对方，很多问题都是缺乏沟通造成的。

于是，他们决定以后无论遇到什么问题都要及时沟通，共同解决。从那以后，他们的关系得到了改善，家里又充满了温馨的笑声。

这个故事告诉我们，开放沟通是解决问题的关键。只有双方都能够坦诚地面对问题，积极地寻求解决方案时，才能避免冷战带来的伤害，从而促进夫妻关系的和谐发展。

二、共同协商，寻找最佳的解决方案

在夫妻的冲突中，很少有绝对的对错之分。因此，夫妻双方需要共同协商，寻找最佳的解决方案。这要求夫妻双方都放下个人立场，以家庭的整体利益为重。

赵明和王丽是一对年轻的夫妻，他们有一个可爱的儿子。然而，随着孩子逐渐长大，教育问题成了他们之间的主要矛盾。赵明希望孩子能够接受最好的教育，因此想要送他到私立学校；而王丽则认为公立学校也不错，而且经济压力小。两人因此产生了分歧，甚至一度陷入冷战。

后来，他们意识到这样下去对孩子不好，决定坐下来共同商讨解决方案。他们列出了各自的想法和担忧，然后一起探讨解决方案。经过多次讨论和权衡利弊，他们最终决定送孩子到一所性价比较高的公立学校，并利用业余时间给孩子报一些兴趣班来弥补不足。

这个决定得到了夫妻双方的认可，他们的关系也因此得到了改善。

这个事例告诉我们，夫妻之间共同协商是寻找最佳解决方案的有效途径。当双方都能放下个人立场，以家庭的整体利益为重时，他们就能找到双方都能接受的解决方案，从而避免冷战带来的伤害。

三、寻求外部帮助

有时候，夫妻间的矛盾可能比较复杂，难以自行解决。这时，寻求外部帮助是一个明智的选择。专业的婚姻咨询师或心理医生可以提供专业的指导和支持，帮助双方更好地沟通，从而找到问题的根源，并寻找有效的解决方案。

寻求外部帮助并不意味着夫妻关系的失败。相反，它是一种解决矛盾的积极的行为，表明双方都愿意为了家庭的幸福与和谐而付出努力。通过专业指导和支持，夫妻双方可以更加理性地面对问题，避免情绪化的冲突和冷战。

智慧谏言

　　夫妻之间出现问题时，冷战是最不明智的做法。相反，积极寻找解决问题的方法才是维护家庭和谐、增进夫妻感情的正确途径。通过开放沟通、共同协商、学会妥协以及寻求外部帮助等方法，夫妻可以共同解决问题，避免冷战带来的伤害。张先生与李女士的沟通之旅以及赵明与王丽的家庭规划都充分说明了这一点。

学会倾听和理解伴侣的感受

在日常生活中，夫妻间难免会遇到各种摩擦与误解，而有效的倾听与理解则如同一座桥梁，能够跨越隔阂，拉近心与心的距离。当一方愿意静下心来，全神贯注地倾听伴侣的心声时，不仅能让对方感受到被重视和被尊重，还能准确地捕捉到言语背后的真情实感和对方的需求。这种倾听不仅仅是听觉上的接收，更是心灵上的共鸣，它有助于夫妻双方更加深入地了解彼此的内心世界，减少因沟通不畅而产生的误会和冲突。

理解伴侣的感受，意味着能够站在对方的角度思考问题，感同身受地体会其喜怒哀乐。这种同理心不仅能够增进夫妻间的情感，还能在面对分歧时，促使夫妻双方以更加宽容和包容的心态去寻找解决问题的方法。夫妻间学会倾听和理解伴侣的感受，对于增强情感交流、提升婚姻质量、促进夫妻关系的和谐具有积极的作用。它不仅能够加深双方的情感连接，还能在婚姻的长河中，为彼此提供源源不断的情感支持与理解，让爱情在岁月的洗礼下愈发醇厚。

一、倾听是打开心灵的钥匙

倾听是沟通的基础，也是理解伴侣感受的第一步。在夫妻的交流中，倾听不仅意味着听到对方的话语，更意味着理解对方话语背后的情感和需求。只有做到真正地倾听对方，才能走进对方的心灵，在彼此之间建立起深厚的感情连接。

李先生和妻子张女士结婚多年，但随着时间的推移，他们之间的沟通越来越少。张女士常常抱怨李先生不理解她，而李先生则认为自己已经尽力了。一次，张女士因为工作上的不顺心而情绪低落，李先生却像往常一样只顾着看电视，没有注意到妻子的情绪变化。直到张女士忍不住哭出声来，李先生才意识到问题的严重性。

这次，李先生没有像往常一样逃避或反驳，而是静静地坐在妻子身边，倾听她的诉说。他耐心地听张女士讲述工作中的委屈和不满，没有打断，也没有提出意见。只是在她需要的时候，轻轻地握住她的手，给予她支持和安慰。这次倾听，李先生第一次真正理解了妻子的感受和需求，也意识到了自己在婚姻中的不足。

从那以后，李先生开始更加关注妻子的情感和需求，经常主动倾听她的心声。他们的关系也因此得到了改善，夫妻感情更加深厚。

这个事例告诉我们，倾听是打开心灵之门的重要途径。只有当我们真正倾听对方时，才能理解对方的感受和需求，进而给予对方真正的支持和关爱。

二、理解是增进感情的桥梁

理解是夫妻间相互支持、共同成长的基石。在婚姻生活中，每个人都有自己的性格、习惯和价值观。只有当我们努力理解对方，接纳对方的差异时，才能建立起真正的感情连接。而理解伴侣的感受是实现这一目标的关键。

马丽来自一个传统的中国家庭，而杰克则是一个典型的西方人。他们的婚姻面临着文化差异和语言障碍的双重挑战。起初，他们常常因为生活习惯和价值观的不同而发生争执。马丽觉得杰克不够体贴和关心她，而杰克觉得马丽太过依赖和束缚他。

然而，他们没有选择放弃或冷战，而是努力理解对方的感受和需求。马丽开始学习杰克的文化和习惯，尝试用更开放的心态去接纳他的不同。而杰克也开始更加关注马丽的感受和需求，努力给她更多的支持和关爱。他们经常坐下来交流彼此的想法和感受，共同寻找解决问题的方法。随着时间的推移，他们的关系逐渐得到了改善。他们学会了更好地理解和支持对方，也找到了适合自己的生活方式。

马丽和杰克的故事告诉我们，夫妻间互相理解是增进感情的桥梁。只有当我们努力理解对方的感受和需求时，才能建立起真正的感情连接，共同走过婚姻的每一个阶段。

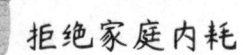

在家庭生活中，夫妻间的矛盾和冲突是难以避免的。然而，只要我们掌握了倾听与理解的艺术，就能够化解矛盾、增进理解，使夫妻关系更加稳固和幸福。因此，让我们学会倾听与理解伴侣的感受吧！让爱在家庭中流淌，让幸福在夫妻间传递。

在冲突后重建信任

矛盾与冲突在婚姻生活中难以避免，关键在于如何处理这些分歧并重建信任。

重建信任意味着双方愿意坦诚面对当前的问题，通过有效的沟通寻找解决方案。这一过程有助于消除夫妻间的误解，增进彼此的了解，从而加强夫妻间的情感连接。根据心理学研究，信任是人际关系中的基石，尤其是在婚姻中，它关乎双方的情感安全和稳定。重建信任不仅能够修复受损的关系，还能使夫妻双方在经历挑战后更加珍惜彼此，深化相互间的依赖和承诺。

重建信任的过程也是夫妻共同成长的机会。它教会夫妻双方如何更好地处理冲突，提升沟通技巧，为未来的婚姻生活打下坚实的基础。因此，夫妻间发生矛盾后应积极努力地重建信任，这不仅是为了当前的和谐，更是为了长远的幸福与婚姻的稳定。

一、勇于认错是信任重建的基石

冲突之后的和解往往始于一方的坦诚与认错。勇于承认自己的错误不仅是对伴侣的尊重，更是对自我成长的承诺。它像一把钥匙，能够打开对方紧闭的心门，让理解和宽容的阳光照进彼此的世界。

张伟和王丽是一对中年夫妇，因工作繁忙，两人长期缺乏有效沟通。一次，张伟误解了王丽的一个电话意图，以为她在指责自己不够关心家庭，两人因此发生了争执。事后，张伟冷静下来，意识到自己的误解可能源于王丽对自己关心不够的敏感反应。于是，他主动诚恳地向王丽道歉并解释了自己的想法。他说："我意识到我误解了你的意思，是我太敏感了。以后我会注意我们的沟通方式，确保我们之间的信息能够准确传达。"王丽听到张伟的道歉，感受到了他的诚意，两人坐下来进行了深入交流，最终解开了误会，重建了信任。

这个事例告诉我们，勇于认错并主动沟通是修复夫妻关系的关键。当一方能够坦诚地面对自己的误解，并表达出改正的决心时，另一方往往能够感受到诚意，因而愿意予以宽容和谅解。

二、勇于认错的深层意义

增强伴侣间的亲密感：当一方勇于认错时，另一方会感受到被重视和被尊重。这种坦诚的交流能够加深彼此的了解，增强双方的亲密感。

构建健康家庭文化：这种勇于认错的做法会融入家庭的文化氛围之中，让整个家庭形成一种包容、坦诚、积极面对问题的良好风气，对家庭每一位成员的身心健康以及家庭的长远发展都有着积极意义。

预防未来冲突：通过勇于认错和积极沟通，夫妻间能够建立起更加稳固的信任基础。这有助于预防未来可能出现的冲突，使夫妻关系更加和谐。

三、小总结

夫妻在冲突后重建信任，勇于认错是关键。通过坦诚地面对自己的错误，并表达出改正的决心，他们能够修复受损的夫妻关系，重建信任的桥梁。在家庭生活中，没有绝对的谁对谁错，只有谁更愿意为家庭关系的和谐付出努力。当我们勇于认错时，不仅是在为过去的错误承担责任，更是在为未来的幸福铺路。因此，让我们学会在冲突后勇于认错，用真诚和宽容去浇灌我们的家庭之花，让它绽放出更加绚烂的花朵。

智慧谏言

在家庭生活中，夫妻间的矛盾与冲突难以避免，而重建信任的关键在于勇于认错。勇于认错不仅是对伴侣的尊重，更是个人成长的重要体现。它能够促进自我反思，增强伴侣间的亲密感，为双方树立正面榜样，同时预防未来冲突的发生。当一方能够坦诚面对错误，并表达出改正的决心时，夫妻关系便能得到修复，信任的桥梁便得以重建。因此，在家庭生活中，我们应该学会勇于认错，用真诚和宽容去经营夫妻关系，使彼此的感情更加深厚。

打破冷战的小妙招儿

在家庭生活的舞台上，夫妻间的冷战无疑是最令人窒息的一幕。它像一道无形的墙，隔绝了彼此的心灵，让温暖的家变得冰冷。然而，冷战并非无解之局，勇于认错便是那把能够打破僵局、重燃爱火的钥匙。本文将深入探讨夫妻间如何通过勇于认错来打破冷战，并辅以两个生动的事例加以阐释，以期为读者提供有益的启示。

一、勇于认错，冷战破冰的先锋

冷战的根源往往在于夫妻双方的误解、不满或沟通不畅。在这种情况下，勇于认错不仅是对自己行为的反思，更是对伴侣情感的尊重。它像一束光，能够穿透冷战的阴霾，照亮彼此的心田，为和解铺平道路。

李明和妻子小雨因为一次重要的纪念日而陷入冷战。那天，李明因为工作繁忙，完全忘记了这个特殊的日子，没有给小雨准备任何礼物或惊喜。小雨感到被忽视了，心灰意冷，因此两人陷入了长时间的沉默。

几天后，李明意识到自己给小雨带来了很大的伤害。他鼓起勇气，向小雨坦诚了自己的疏忽，并真诚地道歉："小雨，我知道我那天忘记了我们的纪念日，让你感到失望和伤心。我真的很抱歉，以后我会更加注意，绝不会再让这样的事情发生。"同时，李明还精心准备了一份迟到的礼物，以表达自己的歉意。

小雨听到李明的道歉，心中的怨气逐渐消散。她感受到了李明的诚意和改变，于是两人坐下来进行了深入的交流，一起回忆了过去的点点滴滴，冷战也随之烟消云散。

这个事例告诉我们，勇于认错并采取实际行动进行补救，是打破冷战的有效方法。当一方能够坦诚地面对自己的错误，并表达出改正的决心时，另一方往往能够予以宽容和原谅，共同重建信任。

卡米尔和里奥是一对年轻的法国夫妇，他们因为一次晚餐的安排而陷入了冷战。那天，卡米尔精心准备了一顿丰盛的晚餐，想和里奥共度一个浪漫的夜晚。然而，里奥却因为工作临时爽约，让卡米尔感到被轻视和失望。

事后，里奥意识到自己的行为给卡米尔带来了很大的伤害。他主动向卡米尔诚恳地道歉："卡米尔，我知道我那天爽约让你很生气。我真的很抱歉，以后我会尊重你的感受，提前安排好工作，绝不会再让你失望。"同时，里奥还提议重新安排一次晚餐，以弥补之前的遗憾。

卡米尔听到里奥的道歉和提议，心中的不满逐渐消散。她感受到了里奥的诚意和改变，于是两人重新坐下来共进晚餐，享受着彼此的陪伴和浪漫的氛围，冷战也随之结束。

这个事例再次证明了勇于认错对打破冷战的重要性。当一方能够正视自己的错误，并采取补救措施时，另一方往往能够表示谅解，最后双方一起走出了冷战的阴影。

二、勇于认错的深层意义

促进自我成长：勇于认错意味着敢于面对自己的不足，这是个人成长的重要一步。通过认错，我们能够更清晰地认识自己，从而在未来的生活中避免重蹈覆辙。

树立正面榜样：夫妻间勇于认错和相互宽容，能够为孩子营造健康的家庭氛围。孩子们会学习到如何正确处理人际关系中的冲突和分歧。

三、勇于认错的实践策略

及时沟通：冷战初期，夫妻双方往往处于情绪化的状态。此时，及时沟通，坦诚表达自己的想法和感受至关重要。通过沟通，可以消除夫妻间的误解，防止冷战进一步升级。

寻找共同点：在冷战中，夫妻双方往往各执一词，因此难以达成共识。此时，寻找共同点，从对方的角度出发思考问题，有助于打破僵局，促进和解。

给予彼此空间：在冷战期间，给予彼此一定的空间和时间，让夫妻双方都有机会冷静下来，反思自己的行为。这有助于缓解紧张气氛，为夫妻和解创造条件。

制定共同目标：为了打破冷战，夫妻双方可以共同制订一个目标，如一起旅行、参加家庭活动等。这有助于增强彼此的默契和合作精神，促进夫妻关系的和谐。

智慧谏言

　　夫妻间打破冷战，勇于认错是关键。通过坦诚地面对自己的错误，并表达出改正的决心，能够消融彼此心中的坚冰，重建信任的桥梁。在家庭生活中，冷战是难免的插曲。然而，只要夫妻勇于认错、积极沟通、寻找共同点、给予彼此空间，并共同制订目标，就能够打破冷战的僵局，让家庭重新充满温暖和爱意。

第七章

婚姻倦怠期的应对方法

婚姻倦怠的现象

　　婚姻作为人类社会中最基本，也最重要的社会关系之一，承载着情感交流、生活互助与精神寄托的多重功能。然而，在漫长的婚姻生活中，不少夫妻会遭遇"婚姻倦怠"这一现象，它如同无形的蛀虫，悄然侵蚀着婚姻的基石，对婚姻关系造成深远的负面影响。当婚姻进入倦怠期，夫妻双方可能会感到疲惫、无聊，甚至对彼此产生厌倦。不过，当你懂得对症下药后，缓解婚姻倦怠、增进夫妻间的感情也不是难事。

一、婚姻倦怠的定义与表现

　　简言之，婚姻倦怠是指夫妻双方在长期的共同生活中，出于各种原因导致情感交流减少、兴趣差异增大、性生活乏味等，进而产生的一种对婚姻生活失去热情或对婚姻感到厌倦的心理状态。其具体表现包括但不限于沟通减少、争吵频繁、性生活不和谐、共同活动减少，甚至出现情感背叛等。

二、婚姻倦怠的负面影响

　　婚姻倦怠最直接的影响是造成夫妻间的情感疏离。双方不再像恋爱时那样无话不谈，而是各自沉浸在自己的世界里，情感交流变得稀少而浅薄，长此以往，夫妻间的情感纽带将逐渐松弛。

　　1. 信任危机：缺乏有效沟通的婚姻容易滋生误解和猜疑，小事也可能被放大成信任危机。一旦信任基础动摇，婚姻便如同建立在沙滩上的城堡，随时可能崩塌。

　　2. 生活质量下降：婚姻倦怠还会导致夫妻双方对生活质量的满意度降低。家庭氛围紧张，共同活动减少，使得原本应是避风港的家变成了另一个战场或冷漠的空间。

3.子女成长受阻：对于有子女的家庭而言，父母的婚姻状态直接影响孩子的心理健康和成长环境。婚姻倦怠可能让孩子感受到不安和缺乏关爱，影响其性格的形成和社会能力的发展。

张先生和李女士结婚十年，从最初的甜蜜恩爱到如今的相对无言，他们的婚姻陷入了深深的倦怠期。张先生忙于工作，经常加班至深夜，而李女士则全职在家照顾孩子，两人的生活轨迹几乎不再有交集。起初，他们还会通过短信或电话分享日常，但渐渐地，这些交流也变成了例行公事般的问候。一次偶然的机会，李女士发现张先生手机里有与其他女性的暧昧聊天儿记录，虽然没有实质的证据表明张先生出轨，但这件事成了两人之间难以逾越的鸿沟。他们开始频繁争吵，甚至考虑离婚。

张先生与李女士的事例是婚姻倦怠导致信任危机和情感疏离的典型。长期缺乏沟通和共同生活，使得他们的婚姻变得脆弱不堪，一点儿小风波就足以掀起巨浪。这说明婚姻倦怠不仅侵蚀了夫妻间的情感基础，还为外部因素介入提供了可乘之机，严重威胁到婚姻的稳定。

伟大的物理学家阿尔伯特·爱因斯坦在科学上取得了举世瞩目的成就，但他的婚姻生活却不尽如人意。爱因斯坦与第一任妻子米列娃·马里奇曾是同学，两人因共同的学术兴趣而结缘，但随着时间的推移，特别是爱因斯坦名声大噪后，他们的婚姻也逐渐陷入了困境。爱因斯坦沉迷于科学研究，对家庭生活的忽视以及与其他女性的绯闻，让米列娃感到深深的失望和孤独。最终，这段曾经情感深厚的婚姻以离婚收场。

爱因斯坦与米列娃的婚姻反映了婚姻倦怠在名人家庭中同样存在。即便是在智慧与才华并存的个体之间，如果忽视了情感的维护与经营，婚姻同样会走向灭亡。爱因斯坦因对科学研究过度投入而忽略了作为丈夫和父亲的责任，导致夫妻感情疏离，最终婚姻破裂。这再次证明了，无论夫妻双方的外界地位如何，婚姻的幸福都需要夫妻双方的共同努力和维护。

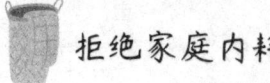
三、应对策略

面对婚姻倦怠，夫妻双方应采取积极措施，共同应对。

加强沟通：定期举行"夫妻会谈"，分享彼此的想法、感受和需求，增进理解。

共同兴趣：培养或重拾共同爱好，如一起旅行、运动、学习新技能，增加共同话题和活动。

情感表达：学会用言语或行动表达爱意和感激，哪怕是小事，也能温暖对方的心。

专业帮助：当婚姻问题难以自行解决时，可以寻求婚姻咨询或心理咨询师的帮助，专业指导有助于找到问题的根源并寻找解决方案。

个人成长：鼓励彼此追求个人成长，保持生活的新鲜感和活力，同时也为婚姻注入新的活力。

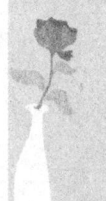
　　婚姻倦怠是夫妻生活中常见的一种现象，它并非不可战胜。只要夫妻双方能够坦诚地面对所出现的问题，积极寻求改变，重拾过去的激情，就能够克服婚姻倦怠，让爱情重新焕发光彩。

重拾浪漫

在长期的婚姻生活中，夫妻可能会因日常琐事、工作压力等导致情感交流减少，关系疏远，逐渐进入婚姻倦怠期。而重拾浪漫则能有效打破这一僵局，为婚姻注入新的活力。

浪漫不仅能够激发夫妻间的情感，还能增进彼此的了解和亲密感。夫妻参与浪漫活动，如约会、旅行、共度美好时光等，可以重温恋爱时的甜蜜，找回那份初识的心动。这些浪漫的经历会成为夫妻间的珍贵回忆，加深彼此的情感。

此外，重拾浪漫还有助于夫妻间的沟通与理解。在浪漫的氛围中，双方更容易打开心扉，分享彼此的想法和感受，从而增进了解，减少误解和冲突。

一、重拾浪漫对家庭的积极作用

沟通是桥梁： 良好的沟通是夫妻关系的基石。夫妻间应坦诚交流，分享彼此的想法和感受，增进了解，避免产生误解和隔阂。通过沟通，夫妻双方可以更好地理解对方的需求和期望，从而找到共同的兴趣和目标，为婚姻注入新的活力。

创新是火花： 尝试新事物是激发夫妻间激情的有效途径。无论是共同学习新技能、尝试新的旅行目的地，还是探索新的性爱方式，都能为婚姻生活增添新鲜感，让夫妻双方重新找回心动的感觉。

独立是空间： 尊重彼此的独立性和个人兴趣，保留一定的个人空间，有助于夫妻间保持新鲜感。每个人都有自己的兴趣爱好和朋友圈子，这些是个人成长和满足需求的重要部分。

浪漫是调味剂： 浪漫的氛围能够迅速拉近夫妻间的距离。无论是定期的约会、惊喜的礼物，还是温馨的晚餐，都能让对方感受到被爱和被关注，从而增进夫妻间的感情。

张先生和刘女士是一对结婚五年的夫妻，他们的婚姻生活逐渐变得乏味，缺乏激情。为了改变这一状况，张先生决定为刘女士策划一次浪漫的约会。他精心挑选了一家刘女士一直想去的餐厅，并提前预订了位置。约会当天，张先生还准备了一束鲜花和一张手写的情书，表达了自己对刘女士的爱意和感激。这次约会不仅让刘女士感动不已，也让张先生重新找回了恋爱的感觉。

张先生与刘女士的事例说明了浪漫约会的重要性。在婚姻倦怠期，夫妻间往往忽略了约会这一重要环节。通过安排特别的约会时间，夫妻可以找回恋爱时期的甜蜜感觉，找回那份心动和激情。这种浪漫的举动不仅能让对方感受到被爱和被关注，还能增进夫妻间的感情和亲密度。

二、共同探险

王先生和杨女士是一对热爱旅行的夫妻。然而，因为忙碌的工作和琐碎的生活，他们的旅行计划逐渐被搁置。为了重拾浪漫，他们决定利用周末进行一次短途探险。他们选择了一个风景秀丽的山区，带上背包和相机，开始了他们的探险之旅。在旅途中，他们共同克服了种种困难，不仅欣赏到了美丽的风景，还拍下了许多珍贵的照片。这次探险不仅让他们重新找回了恋爱的激情，还加深了他们对彼此的了解。

王先生与杨女士的事例说明了共同活动的重要性。在婚姻倦怠期，夫妻间往往各顾各的，缺乏共同的活动和经历。通过共同探险或旅行，夫妻可以增加交流和互动的机会，共同创造价值或挑战目标，从而培养成就感和亲密感。这种共同的经历不仅能让夫妻双方更加了解彼此，还能为婚姻生活注入新的活力和激情。

三、总结与实践建议

首先，夫妻双方需要保持良好的沟通。通过坦诚的交流，夫妻可以分享彼此的感受、需要和期望。夫妻可以尝试重新认识对方，增进理解和信任，这有助于缓解婚姻倦怠期的矛盾和不信任。例如，大卫·贝克汉姆和维多利亚·贝克汉姆、瑞安·雷诺斯和布莱克·莱弗莉等名人夫妻的婚姻已经长达 20 年，有些甚至经历了多年的磨合，他们的共同点是相互信任、支持和尊重，以及通过共同努力来维持感情。

其次，夫妻需要共同创造新的回忆和体验。夫妻可以一起去旅行，一起学习新技能，一起参加兴趣小组等，这些活动可以增加夫妻之间的互动和交流，同时也可以创造新的回忆和体验。

再次，夫妻需要学会欣赏对方的优点。在婚姻倦怠期，夫妻往往会忽视对方的优点，而只关注对方的缺点。夫妻需要学会欣赏对方的优点，并表达对对方的感激和爱意。

最后，夫妻需要学会放松和享受生活。在婚姻倦怠期，夫妻往往会感受到压力和焦虑，这会影响夫妻之间的感情和亲密关系。夫妻双方需要学会放松和享受生活。例如，可以一起去看电影、散步、听音乐等，这些活动可以缓解压力和焦虑，同时也可以增进夫妻之间的感情和亲密关系。

夫妻在婚姻倦怠期重拾浪漫，需要双方的努力和付出。通过保持良好的沟通，共同创造新的回忆和体验，学会欣赏对方的优点，放松和享受生活，可以改善夫妻关系，重燃激情和浪漫，从而增进夫妻之间的感情和亲密度。

设定新的婚姻目标

婚姻倦怠期往往伴随着情感交流的减少和动力的缺失，而新目标的设定则像一盏明灯，为夫妻关系指明方向，激发夫妻双方共同努力的意愿。夫妻在婚姻倦怠期设定新的婚姻目标，对于重燃激情、提高凝聚力以及促进共同成长具有显著的积极作用。

根据心理学研究，共同目标能够增强夫妻间的默契，使夫妻双方在追求目标的过程中相互支持、共同进步。新的婚姻目标不仅为夫妻提供了共同奋斗的动力，还促使夫妻双方重新审视婚姻关系，发现彼此的新价值。这些目标可以是短期的，如一起旅行或制订家庭装修计划，也可以是长期的，如子女教育规划或退休生活设想。

在设定新目标的过程中，夫妻需要坦诚沟通、共同协商，这一过程本身就有助于增进彼此的了解，减少误解，从而加强情感连接。

一、婚姻倦怠期的挑战

婚姻倦怠期是夫妻关系中常见的现象，表现为双方对婚姻生活的热情减退，

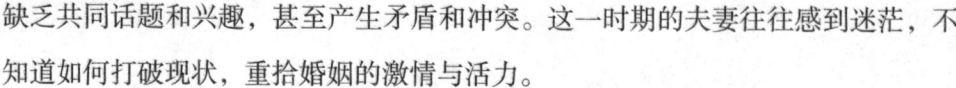

拒绝家庭内耗

缺乏共同话题和兴趣，甚至产生矛盾和冲突。这一时期的夫妻往往感到迷茫，不知道如何打破现状，重拾婚姻的激情与活力。

二、设定新的婚姻目标的重要性

设定新的婚姻目标是夫妻在婚姻倦怠期重拾激情的有效途径。通过共同制订目标，夫妻可以明确彼此的期望和愿景，提高凝聚力和向心力，共同为实现目标而努力。同时，新目标的设定也能激发夫妻间的创造力和想象力，为婚姻生活注入新的活力和乐趣。

三、如何设定新婚姻目标

坦诚沟通，明确期望：设定新的婚姻目标的前提是夫妻间坦诚沟通，明确彼此的期望和愿景。双方应坐下来，认真倾听对方的想法和感受，了解彼此对婚姻的期望和不满。通过沟通，夫妻可以找到共同点和差异点，为制订目标打下基础。

结合实际情况，制订可行目标：设定新的婚姻目标时，夫妻双方应结合实际情况，考虑自身的经济、时间、精力等因素，制订可行的目标。目标应具有可操作性、可衡量性和可达成性，避免过于空泛或难以实现。

分解目标，逐步实施：大目标往往难以一蹴而就，因此夫妻可以将新的婚姻目标分解为若干个小目标，逐步实施。通过实现小目标，夫妻可以积累信心和动力，为实现大目标奠定基础。

定期回顾与调整：设定新的婚姻目标后，夫妻应定期回顾目标的进展情况，并根据实际情况进行调整。如果目标过于困难或无法实现，夫妻应及时调整目标，避免产生挫败感和失望情绪。

李先生和王女士结婚十年，近年来，他们的婚姻生活逐渐进入倦怠期。为了打破现状，他们决定制订一个新的婚姻目标——一起旅游。他们选择了心仪已久的欧洲作为目的地，并制订了详细的旅游计划。在旅游过程中，他们不仅欣赏了美丽的风景，还一起经历了许多难忘的瞬间。这次旅游让他们重新找回了恋爱的感觉，也让他们更加珍惜彼此。

李先生与王女士的事例说明了将一起旅游作为新的婚姻目标的有效性。通过制订旅游计划并共同实施，他们不仅打破了婚姻倦怠期的迷茫和无力感，还增进了彼此的了解和亲密感。这一目标的设定和实施过程也让他们更加明确了对婚姻的期望和愿景。

张先生和刘女士是一对热爱学习的夫妻。然而，在婚姻倦怠期，他们发现彼此的话题越来越少，缺乏共同的兴趣和爱好。为了改变这一状况，他们决定制订一个新的婚姻目标——共同学习一门新技能。他们选择了烹饪作为学习对象，并报名参加了烹饪课程。在学习过程中，他们不仅掌握了烹饪技巧，还一起品尝了许多美食。这次共同学习的经历让他们重新找回了共同话题和兴趣，也让他们的婚姻生活更加充实和有趣。

张先生与刘女士的事例说明了将共同学习作为新的婚姻目标的重要性。通过制订学习计划并共同实施，他们不仅打破了婚姻倦怠期的沉闷感和乏味感，还培养了共同的兴趣和爱好。这一目标的设定和实施过程也让他们更加珍惜彼此在一起的时光。

四、总结与建议

首先，夫妻双方需要明确自己的需求和期望。每个人都有不同的需求和期望，因此夫妻双方需要了解自己的需求，并尽可能地与伴侣进行沟通，了解对方的需求和期望。在设定新的婚姻目标时，双方需要共同理解和尊重彼此的需求和期望，以确保目标的实现。

其次，夫妻需要设定具体的目标。目标应该是具体的、可衡量的、可实现的、相关的和有时限的。例如，夫妻可以设定一个目标，例如每周至少一起去看一次电影，或者每个月至少一起去旅行一次。这些目标可以帮助夫妻保持婚姻的新鲜感，并增进夫妻之间的联系。

再次，夫妻需要制订实现目标的计划。为了实现所设定的目标，夫妻需要制订具体的计划。例如，如果夫妻设定了每周至少一起去看一次电影的目标，他们需要制订一个具体的计划，例如每周五晚上一起去看电影。制订计划可以帮助夫妻双方更好地管理时间，并确保目标的实现。

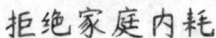

最后，夫妻需要不断地评估和调整所制订的目标。随着时间的推移，夫妻的需求和期望可能会发生变化。因此，夫妻需要不断地评估和调整目标，以确保目标仍然符合他们的需求和期望。

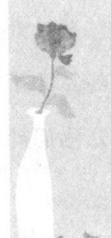

建议夫妻在婚姻倦怠期勇于面对挑战，积极设定新的婚姻目标，并共同努力实现这些目标。通过不断地设定并实现新的目标，夫妻可以共同创造一个充满激情、和谐与幸福的婚姻生活。

建立情感纽带的方法

婚姻作为人生的重要组成部分，承载着夫妻双方的期望与梦想。然而，在漫长的婚姻生活中，夫妻双方难免会遇到倦怠期，这时，如何建立情感纽带，让婚姻重新焕发生机，便成了摆在夫妻面前的一道难题。本文将从多个角度探讨夫妻在婚姻倦怠期建立情感纽带的方法，并引用两个具体事例进行说明。

一、加强沟通，增进理解

沟通是夫妻关系的基石，也是解决婚姻倦怠期的关键。在婚姻生活中，夫妻双方应该坦诚相待，分享彼此的想法和感受，以增进相互理解。

李婧与丈夫结婚七年，育有两个孩子。由于二宝是早产儿，需要李婧全职照顾，这使她不得不放弃工作。这段时间里，夫妻间的共同话题逐渐减少，感情也日渐疏远。为了改变这一状况，李婧决定与丈夫进行深入的沟通。在七夕节的晚上，她提前赶往预定的餐厅，但丈夫却因故未能赴约。回家后，积压已久的情绪在那一刻爆发，两人发生了激烈的争吵。然而，这次争吵却成了他们沟通的契机。通过坦诚地表达彼此的感受和期望，他们理解了对方的难处，并开始共同努力改善婚姻关系。

李婧夫妇的事例告诉我们，沟通是解决婚姻倦怠期的关键。只有坦诚地表达自己的想法和感受，才能增进相互理解，从而找到解决问题的方法。

二、共同创造新体验，激发情感活力

在婚姻倦怠期，夫妻双方往往因为日复一日的重复生活而感到乏味。此时，共同创造一些新的体验可以为婚姻注入新的活力。

小宁和大强是一对从事自由职业的夫妻，他们的生活节奏快，压力大，导致两人之间的情感变得逐渐疏远。为了改变这一状况，他们决定放下手头的工作，一起去旅行。在旅行中，他们不仅欣赏了不同的风景，还一起经历了许多难忘的瞬间。这些新体验让他们重新找回了彼此之间的默契和亲密感。旅行结束后，他们决定将这种共同创造新体验的方式延续到日常生活中，定期安排一些特别的活动，如一起做饭、看电影、参加兴趣小组等。这些活动不仅丰富了他们的婚姻生活，还让他们更加珍惜彼此。

小宁与大强的事例说明，共同创造新体验是激发情感活力的有效途径。通过一起尝试新事物，夫妻双方可以增进了解，加深感情，从而让婚姻生活重新焕发生机。

三、培养共同兴趣，提高默契

共同的兴趣爱好是维系夫妻关系的纽带之一。在婚姻倦怠期，培养共同的兴趣爱好可以帮助夫妻双方提高默契与亲密度。

为了培养共同的兴趣，夫妻双方可以一起参加一些活动，如健身、瑜伽、绘画等。这些活动不仅能够增加彼此之间的共同话题，还能够提高默契与亲密度。同时，夫妻双方还可以一起探索新的领域，如学习一门新的语言，尝试一种新的烹饪方式等。这些新体验不仅能够为婚姻生活增添乐趣，还能够让双方在共同学习中感受到彼此的陪伴和支持。

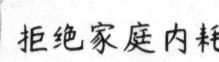

四、相互支持与鼓励，共同面对困难

在婚姻生活中，夫妻双方难免会遇到各种困难和挑战。这时，相互支持与鼓励便显得尤为重要。只有共同面对困难，才能提高夫妻之间的凝聚力和向心力。

为了相互支持与鼓励，夫妻双方可以在日常生活中多关心对方的需求和感受，给予对方温暖和关怀。当一方遇到困难时，另一方应该给予积极的支持和帮助，共同寻找解决问题的方法。同时，夫妻双方还可以一起制定家庭规划和目标，共同为实现这些目标而努力。这种共同奋斗的过程不仅能够增进彼此之间的感情，还能够让婚姻更加稳固和幸福。

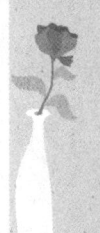
婚姻倦怠期是夫妻关系中不可避免的阶段，但并不意味着婚姻的终结。通过加强沟通、共同创造新体验、培养共同的兴趣以及相互支持与鼓励等方法，夫妻双方可以建立情感的纽带，让婚姻重新焕发生机。这些方法需要夫妻双方的共同努力和坚持，只有愿意为婚姻付出时间和精力，才能收获幸福美满的婚姻生活。

保持婚姻的新鲜感

在长期的婚姻生活中，夫妻可能会因日常琐事、工作压力以及缺乏沟通而逐渐陷入倦怠期，导致情感交流减少，关系疏远。而保持新鲜感则是打破这一僵局、重燃婚姻激情的关键。

一些社会学家的研究表明，新鲜感能够激发夫妻间的情感活力，增进彼此的了解和亲密感。当夫妻不断尝试新的活动，探索新的领域时，他们能够共同创造新的回忆，建立情感的纽带。同时，新鲜感还能促进夫妻间的沟通和交流，帮助他们更好地理解对方的需求和期望，从而减少误解和冲突。夫妻在婚姻倦怠期应积极寻求保持新鲜感的方法，如共同参加新活动、尝试新事物、定期约会等。这些努力不仅能够缓解婚姻倦怠感，还能为婚姻注入新的活力，让夫妻关系更加和谐美满。

一、保持婚姻新鲜感的重要性

婚姻的新鲜感是夫妻关系的润滑剂，它能够为婚姻生活增添新的色彩和活力。当夫妻之间保持新鲜感时，他们更容易相互吸引、相互欣赏，从而加深彼此的感情。同时，新鲜感还能够激发夫妻之间的创造力和想象力，让他们在婚姻生活中不断发现新的乐趣和惊喜。

二、保持婚姻新鲜感的方法

1. 保持沟通与理解

沟通是良好婚姻关系的基石。夫妻之间应该保持开放、诚实和频繁的沟通，分享彼此的想法、感受和需求。通过沟通，夫妻可以更好地了解彼此，减少误会和冲突，从而保持婚姻的新鲜感。

2. 创造浪漫与惊喜

浪漫和惊喜是保持婚姻新鲜感的法宝。夫妻可以在重要的纪念日、对方的生日或平凡的周末，为彼此创造一些浪漫和惊喜。这些小小的举动不仅能够让对方感受到被爱，还能为婚姻生活增添情趣和色彩。

张先生和王女士结婚已经十年，但他们依然保持着婚姻的新鲜感。每年，他们都会安排一次只有两个人的旅行。在旅行中，他们不仅会欣赏美景、品尝美食，还会一起尝试新的活动和挑战。这些旅行不仅让他们有机会放松身心，还让他们更加珍惜彼此之间的陪伴和相处时光。通过旅行，他们不断创造新的回忆和经历，为婚姻生活注入了新的活力。

张先生与王女士的事例说明了创造浪漫与惊喜，对于保持婚姻新鲜感的重要性。通过年度旅行这一形式，他们不仅增进了彼此的感情，还让婚姻生活更加丰

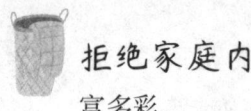

富多彩。

3. 共同成长与追求

夫妻双方的共同成长和追求是保持婚姻新鲜感的重要因素。当夫妻双方因共同的目标和兴趣而努力奋斗时，他们会更深入地理解和欣赏彼此。因此，夫妻可以共同制订目标和计划，分享未来的梦想和追求，在相互支持和鼓励中共同成长。

李先生和赵女士是一对热爱学习的夫妻。他们不仅在各自的工作领域努力进步，还共同报名参加了多个学习班。在学习过程中，他们互相支持、互相鼓励，不仅个人能力得到了提升，夫妻关系也更加紧密。通过共同学习，他们不断发现彼此新的优点和吸引力，为婚姻关系注入了新的活力和新鲜感。

李先生与赵女士的事例展示了共同成长与追求对于保持婚姻新鲜感的重要作用。通过共同学习这一方式，他们不仅提升了个人能力，还增进了彼此之间的了解。这种共同成长的经历让他们的婚姻更加牢固和幸福。

保持婚姻的新鲜感需要夫妻双方的共同努力和付出。通过保持沟通与理解、创造浪漫与惊喜、共同成长与追求、尊重个人空间以及学会宽容与包容等方法，夫妻双方可以为婚姻注入持久的保鲜剂。同时，像张先生与王女士的年度旅行以及李先生与赵女士的共同学习经历等具体事例也为我们提供了有益的启示。在婚姻生活中，让我们不断探索新的相处方式和共同兴趣，为爱情保鲜，让婚姻永远充满活力与光彩。

智慧谏言

保持婚姻的新鲜感需要夫妻双方的共同努力和付出，夫妻双方需要不断探索新的相处方式和共同兴趣。只有这样，才能让婚姻永远充满活力与光彩。通过本文的探讨和事例分析，希望为面临婚姻倦怠期的夫妻提供有益的启示和帮助，使婚姻更加幸福美满。

第八章

事业与家庭的平衡

有效分配工作和家庭时间

在现代社会中，夫妻双方通常都需要承担工作和家庭双重责任，而如何平衡这两者成为影响婚姻幸福的关键因素之一。根据心理学研究和社会学调查，如果夫妻之间能够有效地分配时间和精力，不仅有助于减轻双方的压力和负担，还能增进彼此的理解和支持。

当夫妻能够合理规划时间，确保工作和家庭都能得到适当的关注时，他们能够更好地履行各自的责任，从而减少因时间分配不均而产生的冲突和矛盾。这种有效的时间分配不仅能够提高家庭生活的质量，还能促进夫妻之间的情感交流，加深彼此的亲密感。因此，夫妻有效分配工作和家庭时间对于维护婚姻的稳定具有重要的意义。

一、夫妻间有效分配工作与家庭时间的艺术

在当今社会，随着双职工家庭的普及，夫妻如何高效且和谐地分配工作与家庭时间，成了每个家庭必须面对的课题。这不仅关乎个人的职业发展，更直接影响到家庭的幸福指数。夫妻双方有效的时间分配不仅能够增进夫妻间的相互理解与支持，还能为孩子营造一个温馨的成长环境。然而，在这一过程中，夫妻间若存在过度的控制欲，则可能成为破坏和谐的隐形杀手。

二、平等沟通，共筑基石

有效的时间管理始于夫妻间的平等沟通。夫妻双方应坐下来，坦诚地讨论各自的职业规划、家庭期望以及个人需求，共同制订既符合实际，又兼顾双方感受的时间分配方案。

李娜是一名律师，张强是一位软件工程师，两人都面临着繁重的工作压力。为了有效平衡工作与家庭，他们决定每周召开一次家庭会议，讨论下周的日程安排与家庭任务分配。通过这种方式，他们不仅确保了家庭任务的有效完成，还增

进了彼此之间的了解。有一次，张强因项目紧急，需要加班，李娜便主动承担了接送孩子上下学的任务，而张强则在周末弥补了这段时间的陪伴。这种基于平等沟通的时间分配方式，让他们能够在忙碌的工作中依然保持家庭的和谐。

李娜与张强的事例告诉我们，平等沟通是夫妻间有效分配时间的基石。通过定期的家庭会议，双方可以共同规划未来，确保家庭与工作的平衡，避免因一方过度投入工作而忽视家庭导致的矛盾。

三、灵活调整，适应变化

生活总是充满变数，夫妻间的时间分配计划也需要随之灵活调整。面对职业变动、孩子教育需求的变化或突如其来的家庭事件，双方需要保持开放的心态，适时调整策略，共同应对挑战。

张先生和李女士是一对在北京工作的年轻父母，面对繁忙的工作和年幼的孩子，他们创新性地采用了"轮值家长"制度。每周，一人负责早晚接送孩子上下学，另一人则承担准备晚餐及夜间辅导作业的任务，周末则轮流陪伴孩子参加兴趣班。此外，他们还利用科技手段，如家庭共享日历，记录每个人的行程与任务，确保信息透明，减少误解。这种灵活的分工方式不仅使孩子得到了足够的关注，也让夫妻俩在紧张的工作之余，依然能感受到家庭的温暖与乐趣。

张先生和李女士的事例表明了在面对现代生活压力时，夫妻间通过创新与合作，可以有效平衡工作与家庭，同时也提醒我们，灵活性与适应性是维持这一平衡的关键。

四、警惕控制欲，守护和谐

在追求时间分配效率的同时，夫妻双方必须警惕控制欲的滋生。控制欲过强的一方往往会试图主宰家庭决策，而忽视另一方的感受与需求，长此以往，将严重损害夫妻关系，甚至导致家庭关系的破裂。

控制欲的危害在于它剥夺了个体的自主性与尊严，使得被控制的一方感到压抑与不满。例如，如果一方强制规定另一方必须放弃职业发展以照顾家庭，这不仅会限制对方的个人成长，也可能会引发强烈的冲突，最终影响整个家庭的氛围。

拒绝家庭内耗

为了避免出现这一情况，夫妻双方应学会倾听对方的声音，尊重彼此的选择与梦想。在制订时间分配计划时，应基于双方的共同愿景，而非单方面的意志强加。通过共同决策，建立基于爱与信任的伙伴关系，这才是长久维持家庭和谐之道。

五、实践策略，促进平衡

设立家庭优先级：明确家庭在生活中的核心地位，根据家庭需求调整工作安排，如争取灵活的工作时间、远程办公等。

分担家务责任：根据双方的兴趣与能力，公平分配家务任务，必要时可考虑外包部分家务，以减轻负担。

高效利用时间：利用科技工具提高工作效率，如时间管理软件、家庭共享日程等，减少不必要的时间浪费。

定期复盘与调整：每隔一段时间，回顾时间分配的效果，根据实际情况进行微调，确保计划始终贴合家庭需求。

培养共同兴趣：共同参与活动，如户外运动、阅读俱乐部等，以增进夫妻间的情感联系。

智慧谏言

在夫妻有效分配工作与家庭时间的道路上，没有一成不变的法则。每对夫妻都应根据自己的实际情况与需求，灵活地调整策略。记住，平等沟通、相互支持与理解，以及警惕控制欲是维系家庭和谐与个人幸福的三大支柱。不要试图将家庭生活和工作完全割裂开来，而是要学会将它们融合，让两者相辅相成。工作不仅是为了生计，更是实现个人价值的重要途径；家庭则是心灵的港湾，一个好的家庭氛围会给予我们无尽的力量与温暖。

确定什么对你最重要

　　夫妻确定什么对彼此最重要，对婚姻的积极作用不可忽视。在婚姻关系中，夫妻双方往往有不同的价值观、期望和需求，而明确并尊重彼此的核心需求，是维系婚姻稳定与幸福的关键。根据心理学研究及婚姻专家建议，当夫妻能够坦诚沟通，共同确定并理解对方认为最重要的事物时，他们能够建立更深层次的情感连接。这一过程有助于增进夫妻间的相互理解，减少误解和冲突。同时，明确彼此的核心需求还能促使夫妻在面临决策时，更能考虑对方的感受和利益，从而做出更有利于婚姻关系的选择。因此，夫妻确定什么对彼此最重要，不仅能够加深情感连接，还能促进相互理解，为婚姻的长期发展奠定坚实的基础。这一做法有助于创造一个充满爱、尊重与理解的婚姻环境，让夫妻双方都能在婚姻中获得满足与幸福。

认清什么才是最重要的

　　在人生的天平上，事业与家庭如同两端的沉重砝码，如何使之保持平衡，首要任务是明确什么对自己最为重要。这不仅关乎个人的幸福，更是构建和谐家庭与成功事业的关键。

　　张女士是一位在商界崭露头角的年轻女性，她的职业生涯如日中天，但随之而来的是无尽的加班与出差。丈夫李先生是一名教师，他渴望的是一家人围坐餐桌旁的温馨时光。随着时间的推移，两人之间的裂痕越来越大，张女士意识到，尽管事业给她带来了成就感，但失去家庭的温暖让她感觉到前所未有的空虚。

　　一次偶然的机会，张女士参加了一个关于工作与生活平衡的研讨会，其中一句话深深地触动了她："成功不是拥有多少，而是珍惜多少。"她开始重新审视自己的生活，决定调整工作节奏，减少不必要的加班与出差，将更多的时间留给家庭。张女士与丈夫共同制定了家庭时间表，确保每周至少有两个晚上是全家共

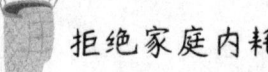

拒绝家庭内耗

度的时光。这一改变不仅让夫妻关系得到了修复，也让张女士在工作中更加高效，因为她知道，背后有一个温暖的家在等着她。

这个事例告诉我们，明确个人价值观，认识到家庭与事业对个人幸福的重要性是平衡两者的前提。张女士的选择证明了事业的成功不应以牺牲家庭为代价，两者可以并行不悖，相互成就。

古代诗人李白以豪放不羁、才华横溢而著称。然而，在他的诗歌背后，也隐藏着对家庭的深深眷恋。李白虽常年游历四方，但每当夜深人静时，对家人的思念便如潮水般涌来。他在《静夜思》中写道："举头望明月，低头思故乡。"这不仅是对故乡的怀念，更是对家中亲人的无尽思念。

李白深知，无论自己走得多远，家永远是他心灵的归宿。因此，在游历之余，他总不忘给家人寄去书信，分享旅途见闻，表达思念之情。这种对家庭的重视，使得李白在追求个人理想与艺术成就的同时，也保持了与家人的紧密联系，实现了精神上的平衡。

李白的故事启示我们，在追求个人梦想与事业的过程中不应忽视家庭。通过有效的沟通与情感的传递，我们可以在事业与家庭之间架起一座桥梁，让两者和谐共存。

智慧箴言

在事业与家庭的平衡之路上，最重要的是认清自己的内心，明确什么对自己最为重要。无论是事业的辉煌还是家庭的温暖，都是人生中不可或缺的部分。要学会平衡两者之间的关系，既不过分偏执于一方，也不轻易放弃另一方。同时，夫妻间应摒弃控制欲，以爱与理解为基石，共同构建一个支持彼此梦想、分享生活点滴的温馨家园。记住，真正的成功是能够在事业与家庭之间找到一个平衡点，让两者相辅相成，共同书写人生的华章。

如何确保与家人共度高质量时光

夫妻双方确保与家人共度高质量时光,不仅有助于增进家庭成员之间的感情,提升家庭幸福感,还能为个人提供情感支持,缓解工作压力。根据国际劳工组织的研究,工作与家庭生活的平衡是实现个人幸福和社会和谐的重要因素。同时,心理学研究也表明,家庭支持是个人应对生活压力的重要资源,而高质量的家庭时间则是获得家庭支持、提升个人幸福感的关键。当夫妻双方共同投入家庭活动中,如一起做饭、看电影、进行户外运动或简单的闲聊时,他们能够更深入地了解彼此的兴趣爱好、生活习惯以及内心世界。这样的互动有助于增进夫妻双方的理解和包容,减少因误解和隔阂而产生的矛盾。同时,共同的家庭经历也能成为夫妻间的珍贵回忆,为他们的婚姻生活增添更多的色彩和乐趣。

此外,与家人共度高质量时间还有助于培养夫妻双方的责任感和家庭观念。在共同承担家庭责任、照顾子女的过程中,夫妻双方能够更加深刻地体会到彼此在家庭中的重要地位,从而更加珍惜和维护这段婚姻关系。

一、与家人共度高质量时光的重要性

提升个人幸福感:与家人共度高质量时光能够让我们感受到家庭的温暖和支持,从而提升个人的幸福感和满足感。

缓解工作压力:家庭是我们最坚实的后盾。与家人共度的时光可以让我们暂时忘记工作的烦恼,缓解工作压力。

促进家庭和谐:通过与家人共度高质量时光,我们可以增进彼此的了解和信任,促进家庭和谐与稳定。

张先生是一名在某知名公司担任高管的职场人。尽管工作压力巨大,但他始终坚持"家庭优先"的原则。每天下班后,他都会尽量提前回家,与家人共进晚餐,分享一天中的趣事。周末时,他会带着家人一起进行户外活动,如徒步、野

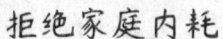

餐等，增进夫妻关系和亲子关系。张先生的做法不仅让家人感受到了他的关爱，也让他在工作中更加充满动力。

张先生的事例告诉我们，即使在职场地位显赫，也不应忽视家庭的重要性。通过合理安排时间，坚持"家庭优先"的原则，我们既能享受家庭的温馨，又能在工作中保持高效。

艾米丽在美国某知名科技公司担任项目经理。她有两个孩子，一个5岁，另一个3岁。尽管工作压力巨大，但她始终坚信家庭与事业同样重要，并努力寻找工作和生活的平衡点。每天下班后，艾米丽都会尽快回家，与家人共进晚餐。她认为，晚餐时间是一家人交流感情、分享生活的重要时刻。

在工作时间内，艾米丽会全力以赴，高效地完成工作任务。她善于利用时间管理工具，如采用番茄工作法，来提高工作效率，确保有更多的时间来陪伴家人。当工作与家庭出现冲突时，艾米丽会灵活调整工作计划，确保能够陪伴家人。例如，她会提前与同事沟通，调整会议时间或工作任务，以便能够参加孩子的学校活动或家庭聚会。

每个周末，艾米丽都会安排家庭活动，如户外徒步、亲子游等。这些活动不仅增进了夫妻感情和亲子关系，也让家人感受到了彼此的关爱和支持。

这个事例告诉我们，通过设立家庭时间、高效工作、参加周末家庭活动和灵活调整工作任务等方法，我们可以像艾米丽一样，在事业与家庭之间找到平衡点，实现双赢。

二、做法建议

设立固定家庭时间：如晚餐时间、周末活动等，确保家人之间有足够的交流时间。

提高工作效率：在工作时间内全力以赴，高效完成任务，为陪伴家人腾出更多时间。

共同参与活动：选择家人都喜欢的活动，如户外运动、看电影等，增进彼此的感情。

灵活调整工作计划：当工作与家庭活动产生冲突时，应灵活调整工作计划，确保能够陪伴家人。

在事业与家庭的平衡中，确保与家人共度高质量时间是我们每个人的责任。通过设立固定的家庭时间、提高工作效率、共同参与活动和灵活调整工作计划等方法，我们可以为家人创造一个温馨幸福的家庭环境。让我们珍惜与家人共度的每一刻，让幸福和爱永远伴随在我们的身边。记住，家庭是我们最宝贵的财富，也是推动我们事业成功的坚强后盾。

懂得工作与家庭生活的分离

在现代社会，工作与生活的界限往往容易模糊，这不仅影响个人的身心健康，也可能对婚姻关系造成伤害。然而，明确区分工作与家庭生活，能够为婚姻注入更多的活力。当个体能够在工作时间内全神贯注地投入，高效完成工作任务，而在工作之余则全心全意地回归家庭，享受与伴侣及家人的温馨时光，这种平衡状态有助于缓解因工作带来的紧张与疲惫。工作与家庭生活的适当分离，使得夫妻双方都能在家庭中得到充分的放松与恢复，从而以更加饱满的热情和积极的心态面对彼此，提高婚姻的凝聚力。

此外，懂得将工作与家庭生活分离，还意味着夫妻双方能够更好地尊重彼此的私人空间与需求。在工作时间内，他们相互支持、鼓励，共同追求事业的成功；而在家庭生活中，他们则更多地关注情感的交流与陪伴，共同营造温馨的家庭氛围。这样的相处模式有助于减少因工作与生活混淆而引发的矛盾与冲突，让婚姻

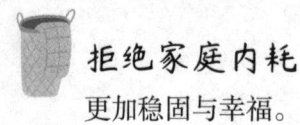

更加稳固与幸福。

一、国外职场精英的做法

工作与家庭生活的分离并非简单的物理空间上的隔离，而是指在心理、时间和精力上为两者设定明确的界限。这种分离有助于我们更好地投入工作，提高工作效率；同时，也能让我们在家庭中扮演好角色，享受与家人共度的时光。懂得将工作与家庭分离，既是构建和谐生活的基石，也是实现个人全面发展的关键。

詹姆斯是一名在美国某跨国公司担任高管的职场精英。他深知工作与家庭生活分离的重要性，并努力在实践中践行这一理念。

具体做法：

1. 设定工作边界：詹姆斯每天下班后，都会尽量避免处理工作事务。他会将手机调至静音模式，以免工作打扰到家庭时光。

2. 专注家庭时间：在家时，詹姆斯会全身心地投入家庭生活。无论是陪伴孩子玩耍，还是与妻子共进晚餐，他都力求做到全情投入。

3. 高效工作：在工作时间内，詹姆斯会高效利用时间，确保工作任务得以顺利完成。他善于制订计划，并严格按照计划执行，以避免工作拖延，影响家庭生活。

4. 灵活调整：当然，詹姆斯也明白，有时工作与家庭生活难免会产生冲突。在这种情况下，他会灵活调整工作计划，以确保家庭生活的优先级不受影响。

詹姆斯的事例告诉我们，懂得将工作与家庭生活分离，对于维护个人幸福和家庭和谐至关重要。通过设定工作边界、专注家庭时间、高效工作和灵活调整工作计划等方法，我们可以像詹姆斯一样，在繁忙的工作与温馨的家庭之间找到完美的平衡点。

二、工作与家庭分离的重要性及方法

1. 工作与家庭分离的重要性

维护个人幸福： 工作与家庭生活的分离有助于我们保持身心健康，避免过度压力而导致的焦虑、抑郁等问题。

促进家庭和谐： 当我们在家庭中全身心投入时，能够增进与家人的感情，促进家庭和谐与稳定。

提高工作效率：明确工作与家庭生活的界限有助于我们更专注地投入工作，提高工作效率和职业成就感。

2. 工作与家庭分离的方法

设定明确界限：在工作与家庭生活之间设定明确的界限，如工作时间、家庭时间等。

培养专注力：在工作时全情投入，在家庭时享受与家人的时光，避免分心。

学会拒绝：当工作事务干扰到家庭生活时，学会拒绝或推迟处理。

灵活调整：根据实际情况灵活调整工作计划和家庭生活安排，以应对突发情况。

在快节奏的现代生活中，懂得将工作与家庭生活分离是一种智慧。它不仅能够帮助我们维护个人幸福和家庭和谐，还能够提高工作效率和职业成就感。让我们学会设定明确界限、培养专注力、学会拒绝和灵活调整工作计划，以在繁忙的工作与温馨的家庭之间找到完美的平衡点。记住，只有当我们懂得如何分离工作与家庭生活时，才能真正享受生活的美好与幸福。

享受家庭团聚的时光

在快节奏的现代生活中，夫妻双方常常因工作和其他事务而忙碌，导致相处时间变得有限。然而，当夫妻双方能够珍惜并享受家庭团聚的时光时，婚姻关系便会得到极大的滋养和强化。家庭团聚的时光为夫妻双方提供了深入交流的机会，使他们能够分享彼此的日常经历、喜怒哀乐，从而增进彼此的了解，加深感情。在这种时刻，双方可以放下手机、关掉电视，专注地与对方沟通，这种亲密无间的交流是婚姻中不可或缺的。

此外，家庭团聚还有助于培养夫妻间的共同兴趣和爱好，使他们能够在共同的活动中找到共同的乐趣。无论是共进晚餐、一起看电影，还是携手散步、共同旅行，这些团聚的时光都会让夫妻双方感受到彼此的陪伴和支持，从而提高婚姻的凝聚力和稳定性。

更重要的是，享受家庭团聚的时光还能够让夫妻更加珍惜彼此，感恩对方在婚姻中的付出和陪伴。这种珍惜和感恩的心态有助于减少婚姻中的矛盾和冲突，使夫妻双方更愿意为彼此的幸福而努力。

埃隆·马斯克作为 SpaceX 和 Tesla 的创始人，他的事业无疑是非常成功的。然而，在繁忙的工作之余，他也深知家庭团聚的重要性。据报道，在一次久违的家庭团聚中，马斯克与他的父亲埃罗尔·马斯克重逢，并共度了宝贵的时光。

在这次团聚中，马斯克邀请他的父亲参观了自己在得克萨斯州博卡奇卡的火箭发射现场。这是 SpaceX 星际飞船首次成功进入太空的重要时刻，马斯克选择与家人一起分享这份喜悦。发射成功后，他们还在附近的游艇俱乐部享用了丰盛的早餐，并共进晚餐，庆祝这一重要时刻。这次团聚不仅让马斯克感受到了家庭的温暖和支持，也让他更加珍惜与家人共度的时光。

马斯克的事例告诉我们，即使事业再成功，家庭团聚的时光也是不可或缺的。通过家庭团聚，我们可以加深与家人的感情联系，分享生活中的喜悦和成就，从而获得更多的情感支持和动力。

家庭团聚的重要性及方法

1. 家庭团聚的重要性

增进感情：家庭团聚能够增进家庭成员之间的感情联系，加深彼此的了解和信任。

传递价值观：家庭团聚是传递家庭价值观和传统的重要时刻，有助于建立稳定的家庭关系。

缓解压力：家庭团聚能够让我们暂时忘却工作的烦恼，享受家庭的温暖和幸福，从而缓解工作压力。

2. 家庭团聚的方法

定期安排家庭活动：如家庭聚餐、户外活动等，让家庭成员有机会聚在一起共度时光。

共同参与家务：通过共同参与家务活动，如烹饪、清洁等，增进家庭成员之间的合作和默契。

分享彼此的生活：在家庭团聚时，鼓励家庭成员分享彼此的生活和工作经历，增进彼此间的了解和关心。

在家庭与事业的平衡中，享受家庭团聚的时光是至关重要的。它不仅能够增进我们与家人的感情联系，还能够为我们提供情感支持和动力。让我们珍惜每一次家庭团聚的机会，用心去感受家庭的温暖和幸福。同时，我们也要在繁忙的工作中抽出时间来陪伴家人，共同创造更多美好的回忆。记住，家庭是我们最坚实的后盾，也是我们人生中最宝贵的财富。

第九章

如何处理婆媳关系

为什么婆媳关系是家庭经营中的难点

在家庭经营的广阔舞台上，婆媳关系无疑是其中最为微妙且充满挑战的篇章。这一关系的特殊性在于其既非血缘也非婚姻的直接联结，而是基于婚姻关系的次生亲情。从社会学角度看，婆媳作为两代女性，在生活习惯、价值观念、角色期待上往往存在显著的差异，这些差异在共同生活的空间里碰撞，极易引发矛盾。心理学上的"领地效应"和"代际差异"理论，进一步解释了婆媳因生活空间重叠和时代观念不同而产生的紧张状态。加之传统文化中对于婆媳角色的刻板印象，如"孝顺"与"权威"的对立，使得这一关系更加复杂多变。

张女士是一名职场精英，婚后与婆婆同住。起初，她试图以尊重和理解为桥梁，缓解与婆婆在生活习惯上的不同。然而，随着工作压力的增大，张女士回家的时间越来越晚，这引起了婆婆的不满，婆婆认为她不顾家庭。一次偶然的争执后，双方陷入了长时间的冷战，家庭氛围变得十分压抑。

此事例凸显了职业发展与家庭价值观协调的重要性。张女士虽在职场上风生水起，却忽视了家庭内部的情感沟通与角色平衡。它告诉我们，无论外界成就如何，家庭仍需细心经营，通过有效沟通寻找双方都能接受的解决方案，是缓解婆媳矛盾的关键。

婆媳相处的智慧

古代有孟母三迁，为子择邻而居，展现了母亲对子女教育的深远考虑。现代有一位李阿姨，当面对与儿媳在教育孙辈上的分歧时，没有强加己见，而是选择学习新的教育理念，与儿媳共同探讨，最终达成共识，家庭氛围因此更加和谐。

李阿姨的故事，强调了开放心态与持续学习在婆媳关系中的重要性。它说明，面对代际差异，主动适应与相互学习是增进理解、促进家庭和谐的有效途径。李阿姨的做法不仅使家庭关系和睦，也为儿孙树立了良好的榜样。

　　婆媳之间非亲胜亲，以心换心，方得始终。在家庭温馨的港湾里，每一份理解与包容都是爱的传递。让我们学会倾听，勇于表达，用智慧与爱心谱写出婆媳关系的和谐乐章。记住，家是讲爱的地方，不是讲理的战场，以情动人，方能家和万事兴。

明确家庭角色和责任

　　家庭作为社会的基本单元，其内部成员间的角色定位与责任分配，直接关系到家庭的和谐与稳定。在婆媳这一特殊关系中，明确各自的角色定位与责任边界，是避免冲突、增进理解的关键。社会学中的角色理论指出，个体在家庭中所扮演的角色不仅影响其行为模式，也决定了其期望与义务。因此，婆媳双方需清晰认识并尊重彼此在家庭中的角色定位，明确各自的责任范围，以共同维护家庭的和谐与秩序。

一、现代家庭的角色混淆与调整

　　李女士与婆婆同住，起初，两人因家务分配、孩子教育等问题频繁产生摩擦。李女士认为，自己作为职场妈妈，已经承担了足够多的家庭责任；而婆婆则觉得，应由儿媳负责家务，自己应享有更多的休息时间。矛盾升级后，李女士提议召开家庭会议，明确每个人的角色与责任。经过讨论，她们决定，李女士负责孩子的教育与部分家务，婆婆则承担更多的日常家务，同时协助照顾孩子。角色明确后，家庭氛围显著改善。

　　此事例凸显了明确家庭角色与责任的重要性。通过家庭会议的形式，李女士与婆婆共同商讨并确定了各自的责任范围，有效避免了因角色混淆所导致的冲突。这说明，在婆媳关系中，双方应主动沟通，共同协商，以达成对家庭角色与责任的共识，从而促进了家庭和谐。

　　晚清名臣曾国藩在治理国家的同时，也极为重视家庭教育。他在家书中多次提及婆媳关系，强调家庭成员应各守其位，各履其职。曾国藩的夫人虽出身名门，却从未因身份高贵而懈怠家务，反而与婆婆和睦相处，共同承担起家庭的责任。曾国藩对此深感欣慰，并在家书中赞扬夫人的贤德，同时教导子孙要效仿其母，明确自己在家庭中的角色与责任。

　　曾国藩的故事，展现了历史名人对于家庭角色与责任的深刻理解。他通过家书的形式，不仅教导子孙如何处理婆媳关系，更强调了每个家庭成员都应明确自己的角色与责任，共同维护家庭的和谐与稳定。这启示我们，在婆媳关系中，双方都应树立正确的家庭观念，以责任为重，以和谐为贵。

二、明确家庭角色与责任的重要性及方法

　　明确家庭角色与责任，对于婆媳关系的和谐至关重要。它不仅能减少因角色混淆导致的冲突，还能增进双方的理解与尊重。为了实现这一目标，我们可以从以下方面入手。

　　主动沟通：婆媳双方应主动沟通，共同商讨家庭角色与责任的分配，确保双方对彼此的角色与责任有清晰的认识。

　　尊重差异：在分配家庭角色与责任时，应尊重双方的个性、能力与偏好，避免强加于人，确保分配方案的公平合理。

　　灵活调整：随着家庭状况的变化，婆媳双方应适时调整家庭角色与责任，以适应新的家庭需求。

　　共同承担：家庭责任不应由单一成员承担，婆媳双方应共同承担家庭责任，形成相互支持、共同进步的家庭氛围。

婆媳之间和为贵，责为先。在家庭的温馨殿堂里，我们应明确角色，共担责任，以智慧与爱心编织和谐的婆媳关系。记住，每个家庭成员都是家庭中不可或缺的一部分，只有当我们各自承担起自己的责任，才能共同创造出幸福美满的家庭生活。

丈夫如何在婆媳关系中扮演桥梁角色

在家庭成员关系中，婆媳关系无疑是最为微妙且复杂的领域之一。这种关系不仅关乎两个女性——婆婆与媳妇——之间的情感互动，更深刻地影响着整个家庭的氛围与和谐。而丈夫作为连接这两个重要家庭成员的桥梁，其角色与责任尤为关键。

丈夫在婆媳关系中的桥梁作用首先体现在他的沟通与协调能力上。他需要具备高度的情感智慧，能够敏锐地感知婆媳双方的需求与情绪，并以公正、理性的态度进行调解。通过有效的沟通，丈夫能够促进婆媳之间的理解，使双方接纳彼此，解决因误解或偏见而产生的矛盾与冲突。

此外，丈夫还需要在婆媳关系中发挥引导与示范作用。他应以身作则，展现出对家庭的责任感与对双方父母的孝心。通过自身的言行举止，丈夫可以潜移默化地影响婆媳双方，促使她们形成更加和谐、融洽的关系。

张先生与妻子小李、母亲王阿姨一起生活在一个繁华的都市。由于生活背景和观念的不同，婆媳之间时常产生摩擦。张先生深知自己在婆媳关系中的桥梁作用，于是主动承担起调解的责任。

一次，因家务分配问题，婆媳俩发生了争执。张先生没有选择逃避，而是耐心地倾听了双方的想法和感受。他首先肯定了妻子的付出与努力，然后向母亲解释了妻子的工作压力和不易。同时，他也向妻子表达了母亲对家庭的贡献和关爱。通过张先生的调解，婆媳俩逐渐理解了对方的立场和难处，最终握手言和。

这个事例充分展示了张先生在婆媳关系中的桥梁作用。他通过耐心倾听和公正调解，促进了婆媳之间的理解与接纳。这种调解不仅解决了当前的矛盾，更为婆媳关系的未来发展奠定了坚实的基础。张先生的做法告诉我们，丈夫的沟通与协调能力是促进婆媳关系和谐的关键。

胡适是中国现代著名的思想家、文学家。他与妻子江冬秀、母亲冯顺弟一起生活在一个大家庭中。胡适深知婆媳关系的微妙与复杂，因此他时刻注重在婆媳之间搭建沟通的桥梁。

一次，江冬秀因家务琐事与冯顺弟发生了争执。胡适得知后，没有直接介入婆媳之间的矛盾，而是分别找婆媳双方谈心。他向母亲表达了妻子对家庭的付出与努力，同时向妻子讲述了母亲的慈爱与辛劳。通过胡适的调解，婆媳双方逐渐理解了对方的立场和难处，心中的怨气也随之消散。

胡适还经常在家庭聚会上引导婆媳双方谈论共同感兴趣的话题，如家常琐事、孩子教育等。通过轻松的聊天儿氛围，婆媳之间的关系也逐渐变得融洽起来。

胡适以极大的智慧和耐心，通过谈心、传递正面信息以及引导共同话题等方式，成功地改善了婆媳之间的关系。胡适的做法告诉我们，丈夫在婆媳关系中不仅要秉持公正、理性的态度，还需要注重情感传递与价值观引导。通过长期的努力与坚持，可以构建起一座坚实的桥梁，让婆媳关系在爱与尊重中和谐发展。

丈夫扮演桥梁的做法

丈夫在婆媳关系中扮演桥梁的角色，对于家庭的和谐稳定具有不可替代的作用。为了有效发挥这一角色的作用，丈夫需要掌握以下方法。

增强沟通与协调能力：丈夫应主动倾听婆媳双方的想法和感受，以公正、理性的态度进行调解。通过有效的沟通，增进婆媳之间的相互理解。

发挥引导与示范作用：丈夫应以身作则，展现出对家庭的责任感与对双方父母的孝心。通过自身的言行举止，促使婆媳双方形成更加和谐、融洽的关系。

培养共同兴趣与爱好：丈夫可以鼓励婆媳双方培养共同的兴趣爱好，如一起参加文化活动、健身等。通过共同的兴趣爱好，增进婆媳之间的了解。

适时表达关爱与感激：丈夫应适时向婆媳双方表达关爱与感激之情，让她们感受到家庭的温暖与幸福。这种情感的传递有助于增进婆媳之间的情感联系。

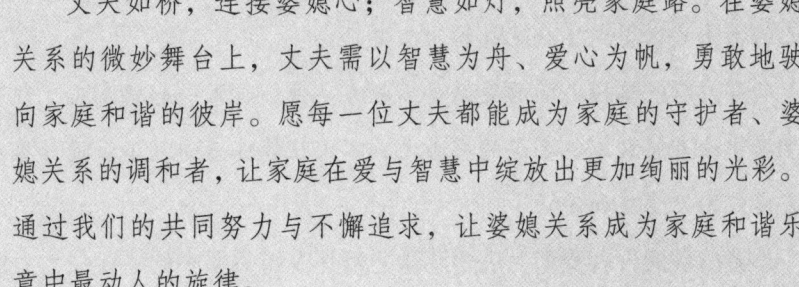

智慧箴言

　　丈夫如桥，连接婆媳心；智慧如灯，照亮家庭路。在婆媳关系的微妙舞台上，丈夫需以智慧为舟、爱心为帆，勇敢地驶向家庭和谐的彼岸。愿每一位丈夫都能成为家庭的守护者、婆媳关系的调和者，让家庭在爱与智慧中绽放出更加绚丽的光彩。通过我们的共同努力与不懈追求，让婆媳关系成为家庭和谐乐章中最动人的旋律。

表达感激之情

　　在家庭关系的细腻织锦中，婆媳关系无疑是一段既敏感又关键的经纬。这段关系不仅影响着婆媳双方的幸福感受，更对整个家庭的氛围产生了深远影响。而表达感激之情作为人际交往中的一股暖流，同样能在婆媳关系中发挥不可小觑的作用。通过真诚的感激表达，婆媳双方能够更深刻地感受到彼此的善意与付出，从而增进理解，减少误解，为婆媳关系的和谐发展奠定坚实的基础。

感激之情的表达不仅是对他人善行的认可与回馈，更是自身情感修养的体现。在婆媳关系中，适时地表达感激能够化解矛盾、增进亲密感，让婆媳双方在相互尊重与理解中共同成长。因此，掌握表达感激之情的方法，对于维护婆媳关系的和谐稳定具有重要意义。

小芳与婆婆一起生活在一座繁华的城市。尽管生活节奏快、压力大，但小芳始终保持着对婆婆的感激之心。她深知，婆婆在照顾家庭、养育孩子方面付出了巨大的努力。因此，小芳时常向婆婆表达感激之情，无论是口头的赞美还是实际行动，都让婆婆感受到了小芳的真诚与孝心。

一次，小芳在朋友圈里看到了一篇关于婆媳关系的文章，她深受启发，决定给婆婆写一封感谢信。在信中，小芳详细回顾了婆婆为家庭所做的点点滴滴，表达了自己对婆婆的深深感激与敬爱。婆婆收到信后，感动得热泪盈眶，她没想到自己的付出竟然得到了如此真挚的回报。

从那以后，婆媳之间的关系更加融洽。她们时常一起聊天儿、散步，共同分享生活中的喜怒哀乐。小芳的感激之心不仅让婆婆感受到了温暖与尊重，也让整个家庭充满了爱与和谐。

小芳的事例告诉我们，表达感激之情是婆媳关系中的一股强大力量。通过真诚地表达感激，小芳让婆婆感受到了自己的孝心与尊重，从而增进了婆媳之间的亲密感与信任。这个事例说明，适时地感激表达能够化解婆媳矛盾、增进理解，为婆媳关系的和谐发展提供有力支持。

鲁迅是中国现代文学史上的杰出作家，他的文学成就斐然，而他的家庭观念也同样值得称道。鲁迅与母亲的关系十分深厚，他时刻铭记母亲的养育之恩，无论身处何地，都保持着对母亲的感激之情。

在鲁迅的文学作品中，不乏对母亲的深情描绘与赞美。他通过文字，向世人展示了自己对母亲的敬爱与感激之情。鲁迅深知，母亲的付出与牺牲是自己成长道路上最坚实的基石。因此，他始终保持着对母亲的孝顺与尊重，用实际行动回报母亲的养育之恩。

鲁迅的感激之情不仅体现在对母亲的态度上，更贯穿在他的整个文学创作中。他通过作品传递出的家庭观念与孝道精神，对后世产生了深远的影响。

鲁迅的故事向我们展示了名人家庭中的感激情怀。他以文学为媒介，向世人表达了自己对母亲的敬爱与感激。鲁迅的做法告诉我们，表达感激之情不仅是对他人的认可与回馈，更是自身情感修养的体现。婆媳关系同样需要这种深厚的感激情怀来支撑与维系。

表达感激之情的重要性及方法

在婆媳关系中，表达感激之情的重要性不言而喻。它不仅能够增进婆媳之间的亲密感与信任，还能够化解矛盾，减少误解，为婆媳关系的和谐发展提供有力支持。为了有效表达感激之情，我们可以掌握以下方法：

真诚赞美：当婆婆做出美味佳肴、打扫干净房间或照顾好孩子时，不妨给予真诚的赞美与感谢。这些简单的言语能够让婆婆感受到自己的付出得到了认可与尊重。

实际行动：除了口头表达外，还可以通过实际行动来回报婆婆的付出。比如，在婆婆生日时送上一份贴心的礼物，或者在她需要帮助时伸出援手。这些实际行动能够让感激之情更加具体与实在。

共同回忆：时常与婆婆一起回忆过去的点点滴滴，分享彼此的成长经历与家庭故事。通过共同回忆，增进婆媳之间的了解与亲密感，让感激之情在岁月的沉淀中更加深厚。

定期沟通：定期与婆婆进行沟通，了解她的想法与需求，表达自己对她的关心与感激。通过沟通，及时发现并解决问题，防止矛盾积累与激化。

　　婆媳之间或许会有误解和分歧，但只要我们怀揣感激，用真诚去沟通，用理解去包容，那些不快与隔阂终将烟消云散。感激之情如同家庭中的润滑剂，让我们的关系更加和谐，让我们的家庭更加温馨。因此，让我们在婆媳关系中不忘感激，不失真诚，让感激之情成为我们心中的一盏明灯，照亮彼此的道路，温暖彼此的心。如此，我们的家庭必将充满爱与和谐，成为我们人生中最坚实的避风港。

当关系紧张时的解决方法

　　当婆媳之间出现紧张氛围时，不仅影响双方的情感交流，还可能破坏整个家庭的和谐。因此，妥善处理婆媳之间的紧张关系，对于维护家庭稳定、增进成员间的理解具有重要意义。

　　解决婆媳之间的紧张关系，需要双方共同努力，同时也需要家庭的其他成员的协助。通过有效沟通，婆媳之间可以消除误解，增进彼此的了解；通过相互理解和尊重，可以建立平等、友好的关系；而包容则能让双方在差异中找到共同点，共同维护家庭的和谐。

　　王女士与婆婆生活在一起，由于生活习惯和育儿观念的不同，两人时常产生摩擦。一次，因为孩子的饮食问题，婆媳俩发生了激烈的争执。王女士意识到，再这样下去，家庭氛围将会越来越紧张。

　　于是，她决定主动与婆婆沟通。她选择了一个双方都比较轻松的时刻，坐下来与婆婆心平气和地交谈。她首先表达了对婆婆的感激之情，感谢她帮忙照顾孩子和家庭。然后，她委婉地提出了自己的想法和担忧，希望婆婆能理解并尊重她的育儿方式。

婆婆听后，也表达了自己的想法和苦衷。通过沟通，两人逐渐理解了对方的立场和难处，找到了一个双方都能接受的解决方案。从那以后，婆媳之间的关系得到了明显改善，家庭氛围也变得更加和谐。

王女士的事例告诉我们，沟通是解决婆媳关系紧张的关键。通过有效的沟通，可以消除误解，增进了解，从而找到解决问题的方法。同时，也需要注意沟通的方式和时机，选择双方都比较轻松、愉快的时刻进行交谈，效果会更好。

林语堂是中国现代著名的作家，他的妻子廖翠凤出身名门，性格豁达。林语堂的母亲是传统的农村妇女，两人的生活习惯和观念差异较大。然而，在林语堂和廖翠凤的共同努力下，婆媳关系一直十分和谐。

廖翠凤深知婆婆的不易，总是尽量迁就她的想法和习惯。她经常陪婆婆聊天儿，了解她的喜好和需求，尽量满足她的愿望。同时，廖翠凤还善于引导婆婆接受新观念，让婆婆在保持传统习惯的同时，也能享受现代生活的便利。

林语堂则经常在母亲面前夸奖妻子，让母亲感受到儿媳的孝顺和能干。他还经常给母亲讲一些现代社会的趣事和观念，帮助母亲开阔眼界，接受新事物。

在林语堂和廖翠凤的共同努力下，婆媳之间始终保持着亲密无间的关系。家庭氛围和谐融洽，成为林语堂进行文学创作的重要支撑。

林语堂与廖翠凤的故事向我们展示了名人家庭中的和谐秘诀。他们通过相互迁就、理解和引导，成功处理了婆媳之间的差异和矛盾。这告诉我们，在处理婆媳关系时，需要保持平和、开放的心态，以家庭和谐为重，共同努力解决问题。

妥善处理婆媳关系的方法

妥善处理婆媳之间的紧张关系对于维护家庭稳定、增进成员间的理解具有重要意义。为了有效缓解婆媳之间的紧张氛围，我们可以采取以下方法：

加强沟通：通过有效的沟通，可以消除婆媳之间的误解，增进彼此的了解。婆媳双方应坦诚地表达自己的想法和需求，倾听对方的意见和感受。

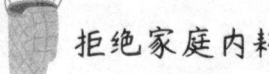

相互尊重：婆媳双方应尊重彼此的生活习惯、育儿观念等。不要强行改变对方，而是寻求双方都能接受的解决方案。

学会包容：在家庭中，难免会有意见不合的时候。此时，我们需要学会包容对方的不足和差异，以和为贵。

寻求协助：当婆媳关系紧张到无法自行调节时，可以寻求家庭其他成员或专业人士的协助。他们可以提供更客观、中肯的意见和帮助。

智慧箴言

在家庭这片温馨的港湾里，婆媳关系如同一艘需要精心驾驶的小船。当风浪来袭，紧张氛围笼罩时，我们应以智慧为舵，以爱心为帆，共同驾驶这艘小船驶向和谐的彼岸。沟通是桥梁，连接着婆媳的心；理解是灯塔，照亮着彼此的路；尊重与包容则是风帆，推动着家庭的小船破浪前行。让我们携手努力，用爱与智慧书写婆媳关系的和谐篇章，让家庭成为我们最温暖的依靠。

如何保持和谐的婆媳关系

婆媳关系是家庭关系中的特殊存在，其和谐与否直接关系到家庭氛围的好坏。婆媳之间由于年龄、观念、生活习惯等方面的差异，难免会产生摩擦与矛盾。然而，这些矛盾并非不可调和，只要双方能够以开放的心态、理性的态度去面对，就能够找到解决问题的方法。

在处理婆媳关系时，我们应坚持以下几个原则：首先，尊重与理解是基石。双方应尊重彼此的生活习惯、观念等，尝试从对方的角度去看待问题。其次，沟通是关键。通过有效的沟通，可以消除误解，增进彼此的了解，从而找到问题的症结所在。最后，包容与迁就是调和剂。在家庭中，难免会有意见不合的时候，此时我们需要学会包容对方的不足和差异，以和为贵。

张女士由于工作忙碌，经常加班到很晚才回家，这引起了婆婆的不满。婆婆认为张女士不顾家，而张女士则认为自己已经在尽力平衡工作与家庭。双方因此产生了矛盾，家庭氛围变得紧张。

为了缓解矛盾，张女士决定主动与婆婆沟通。她选择了一个周末的下午，邀请婆婆一起散步。在轻松的氛围中，她向婆婆表达了自己的想法和困扰，也倾听了婆婆的诉求和期望。通过沟通，张女士了解到婆婆其实是担心她的身体和工作压力，并非真的对她不满。

于是，张女士向婆婆保证会尽量调整工作时间，多陪伴家人。同时，她也向婆婆解释了自己的工作压力和难处，希望婆婆能够理解。婆婆听后，也表示会尽量支持张女士的工作，并帮忙分担家务。

经过这次沟通，张女士与婆婆之间的"心结"解开了，家庭氛围也重新变得和谐。

张女士主动与婆婆沟通，倾听婆婆的诉求，表达自己的困扰，最终解开了双方的心结，家庭氛围重新变得和谐。这告诉我们，在面对家庭矛盾时，只有勇于沟通，理解对方的想法，才能找到解决问题的方法，让家庭更加和睦。

著名主持人杨澜曾分享过自己处理婆媳关系的经验。她认为，婆媳之间要相互尊重、理解和包容。在她的家庭中，婆婆非常尊重她的职业，而她也总是尽量抽时间陪伴婆婆，与婆婆共同参加家庭活动。

有一次，杨澜因为工作无法回家陪婆婆过节，但她提前给婆婆准备了礼物并打电话解释了原因。婆婆非常理解她的工作，还安慰她不要太过劳累。这次经历让杨澜更加深刻地认识到了婆媳之间相互理解和支持的重要性。

杨澜的事例向我们展示了名人家庭中的婆媳相处之道。在处理婆媳关系时，我们应注重相互尊重、理解和包容，通过有效的沟通和共同的活动来增进彼此之间的亲密感。这种和谐的家庭氛围不仅有利于家庭成员的身心健康，也能够为孩

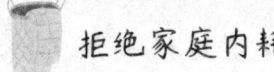

拒绝家庭内耗

子的成长提供良好的环境。

在家庭这方温暖的天地里，婆媳关系宛如一幅细腻的画卷，需要用心勾勒，方能显现其和谐之美。面对婆媳间的微妙关系，我们应以智慧为笔，以爱心为墨，共同绘就这幅家庭的和谐画卷。婆媳之间非母女，却胜似母女，这份特殊的情感纽带需以尊重为基，以理解为梁。婆媳之间只有尊重彼此的差异，理解对方的难处，方能跨越年龄的鸿沟，找到心灵的共鸣。

第十章

给孩子营造温馨的港湾

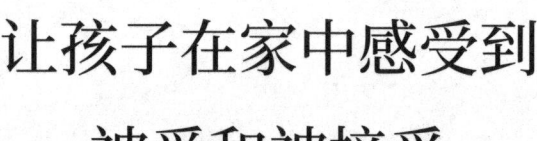

让孩子在家中感受到
被爱和被接受

　　家庭作为孩子成长的摇篮，其氛围直接影响着孩子的心理健康与人格发展。一个充满爱的家庭环境，能够让孩子感受到安全感和归属感，从而培养其自信、乐观的性格；相反，如果家庭氛围紧张、冷漠，孩子则可能产生自卑、焦虑等心理问题。因此，作为家长，我们有责任为孩子营造一个温馨的家庭环境，让他们在家中感受到被爱和被接受。

　　要让孩子感受到被爱和被接受，首先，家长需要给予孩子足够的关注和陪伴。通过日常的亲子互动，如一起游戏、阅读、聊天儿等，增进彼此之间的了解和亲密感。其次，家长要尊重孩子的个性和需求，不要将自己的期望强加于孩子的身上，而是鼓励他们追求自己的梦想和兴趣。最后，家长要学会倾听孩子的心声，关注他们的情感变化，及时给予他们安慰和支持。

　　李先生是一位忙碌的企业家，但他深知家庭对孩子成长的重要性。因此，无论工作多忙，他都会抽出时间陪伴孩子。每天晚上，他都会和孩子一起阅读绘本，分享故事中的乐趣和道理。在这个过程中，孩子不仅学到了知识，还感受到了父亲的关爱和陪伴。

　　有一次，孩子在学校遇到了挫折，心情低落。李先生得知后，没有直接给孩子讲道理，而是陪他一起读了一本关于勇敢面对困难的故事书。通过故事中的情节和人物，孩子逐渐明白了面对挫折的正确态度。李先生的陪伴和引导，让孩子感受到了家的温暖和支持。

　　李先生的故事告诉我们，亲子共读是一种有效的陪伴方式，能够增进家长与孩子之间的亲密感。通过亲子共读，家长可以引导孩子正确面对生活中的困难和挑战，让他们在家庭中找到依靠和力量。

梁启超是中国近代著名的思想家、政治家，他在忙碌的政治生涯中，始终不忘对孩子们的教育和关爱。他通过书信的方式，与孩子们保持密切的联系，分享自己的见解和感受，同时也倾听孩子们的心声。

在书信中，梁启超不仅关心孩子们的学习和生活，还注重培养他们的品德和情操。他鼓励孩子们追求真理、热爱祖国，同时也教导他们尊重他人、关爱家人。梁启超的书信如同一股温暖的春风，吹进了孩子们的心田，让他们感受到了父亲的爱和期望。

梁启超与孩子们的书信往来，展示了名人家庭中的爱的传递。即使身处异地，他也能通过书信的方式，给予孩子们足够的关爱和引导。这种爱的传递，不仅让孩子们感受到了家庭的温暖，还激发了他们的爱国情怀和责任感。

让孩子感受到被爱和被接受

让孩子在家中感受到被爱和被接受，对于他们的成长和发展至关重要。一个充满爱的家庭环境，能够培养孩子的自信心和社交能力，让他们在未来的生活中更加勇敢、坚强。

为了让孩子在家中感受到被爱和被接受，家长可以采取以下方法：首先，给予孩子足够的关注和陪伴，让他们感受到家长的关心和支持；其次，尊重孩子的个性和需求，鼓励他们追求自己的梦想和兴趣；再次，学会倾听孩子的心声，关注他们的情感变化，及时给予安慰和支持；最后，通过家庭活动、亲子游戏等方式，增进彼此之间的了解和亲密感。

智慧谏言

　　家庭不仅是孩子成长的摇篮，也是爱的港湾。作为家长，我们要用心去感受孩子的需求，用爱去滋润他们的心田。让孩子在家中感受到被爱和被接受是我们义不容辞的责任。愿我们都能成为孩子成长路上的引路人，陪伴他们走过每一个重要的时刻，共同创造一个充满爱的家庭氛围。

父母如何以身作则

　　在家庭教育中，父母以身作则的力量是无可替代的。孩子如同一张白纸，他们的行为模式、价值观念在很大程度上是在模仿父母的过程中形成的。父母作为孩子的第一任老师和终身的榜样，其言行举止、生活习惯、道德观念等都会潜移默化地影响孩子。因此，父母以身作则不仅是教育孩子的有效方式，更是营造温馨的家庭港湾的基石。

　　父母以身作则的重要性在于能够为孩子提供一个直观的、可模仿的行为标准。孩子通过观察父母的行为，学习如何待人接物，如何处理问题，如何面对挑战。同时，父母以身作则还能够提高家庭的凝聚力和向心力，让孩子感受到家庭的温暖，从而培养出健康、积极的心态。

　　为了实现父母以身作则的目标，我们需要注重自身的修养，以良好的品行和习惯为孩子树立榜样。同时，我们还要关注孩子的需求和感受，以平等、尊重的态度与他们沟通，引导他们健康成长。

　　李女士是一位注重环保的母亲，她深知自己的行为对孩子有着深远的影响。因此，她在日常生活中始终坚持绿色、低碳的生活方式。无论是购物时选择环保材料，还是出行时选择公共交通，李女士都以身作则，向孩子传递环保的理念。

有一次，孩子在学校参加了环保主题的活动，回来后兴奋地向李女士展示了自己制作的环保小手工。李女士趁机与孩子一起讨论了环保的重要性，并鼓励孩子在日常生活中也要注重节约资源、保护环境。孩子的环保意识因此得到了进一步的提升，也明白了母亲以身作则的深意。

李女士的事例告诉我们，父母以身作则能够引导孩子形成正确的价值观和行为习惯。通过自身的行动，李女士向孩子传递了环保的理念，让孩子在潜移默化中养成了绿色生活的习惯。这种以身作则的教育方式不仅有助于培养孩子的环保意识，还能够增进亲子之间的理解和信任。

曾国藩是中国近代史上著名的政治家、军事家，他在家庭教育中也十分注重以身作则。有一次，曾国藩答应给孩子买一本稀有的书籍，但由于工作繁忙，他一时忘记了这件事。后来，孩子提醒了他，他才猛然想起自己的承诺。尽管当时书籍已经很难买到，但曾国藩还是费尽周折，最终为孩子买到了这本书。

这件事给孩子留下了深刻的印象，让他明白了诚信的重要性。在以后的生活中，无论遇到什么困难，他都坚守诚信，赢得了他人的尊重和信任。

曾国藩的故事向我们展示了名人家庭中以身作则的诚信教育。他通过自己的行动，向孩子传递了诚信的价值观念，让孩子明白了言出必行、一诺千金的道理。这种以身作则的教育方式，不仅有助于培养孩子的诚信品质，还能够为孩子的未来奠定坚实的基础。

父母以身作则的重要性

父母以身作则的重要性不言而喻，它是家庭教育的核心，能够引导孩子形成正确的价值观念和行为习惯。为了实现父母以身作则的目标，我们需要采取以下方法：

首先，父母要注重提升自身的修养。通过不断学习、反思和实践，提高自己的道德水平和文化素养，为孩子树立一个良好的榜样。

其次，父母要关注孩子的需求和感受。以平等、尊重的态度与孩子沟通，了

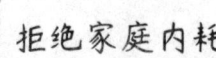

解孩子的想法和困惑，给予他们适当的指导和支持。这样不仅能够增进亲子之间的理解和信任，还能够让孩子感受到家庭的温暖和关爱。

最后，父母要在日常生活中注重细节。无论是言行举止还是生活习惯，父母都要以身作则，向孩子传递正确的价值观念和行为模式。同时，还要鼓励孩子积极参与家庭活动和社会实践，培养他们的责任感和担当精神。

智慧谏言

在家庭教育的征途中，父母的以身作则犹如一盏明灯，照亮了孩子前行的道路。让我们以自身的修养为基石，以关爱和理解为桥梁，以细节为着眼点，共同营造一个温馨、和谐的家庭港湾。让孩子在模仿与学习中茁壮成长，让家庭在爱与责任中变得更加优秀。

与孩子建立开放的对话

在家庭生活中，父母与孩子之间的开放对话是维系亲情、促进孩子健康成长的重要纽带。开放的对话不仅有助于增进亲子间的理解和信任，还能激发孩子的创造力和独立思考能力。当孩子感受到自己的声音被听见、被尊重时，他们会更加自信、开朗，也更愿意与父母分享自己的喜怒哀乐。因此，父母应积极与孩子建立开放的对话，为营造温馨的家庭港湾奠定坚实的基础。

开放的对话之所以重要，是因为它能够促进亲子间的情感交流，加深彼此的理解。通过对话，父母可以了解孩子的想法和需求，及时给予孩子关爱和支持；孩子也能感受到父母的关心和理解，从而更加信任父母，愿意敞开心扉。此外，开放的对话还能培养孩子的沟通能力和解决问题能力，为他们的未来发展打下坚实的基础。

　　李家是一个四口之家，为了增进亲子间的沟通和理解，李家父母每周都会举行一次家庭会议。在这个会议上，每个人都可以发言，分享自己一周的经历和感受。

　　有一次，上初中的大儿子李萌在会议上提到了自己在学校遇到的一些困扰，感觉学习压力很大。父母没有立即给出解决方案，而是先耐心地倾听李萌的诉说，然后引导他分析问题，并一起探讨解决方案。在这个过程中，李萌不仅感受到了父母的关心和支持，还学会了如何面对和解决问题。

　　李家的家庭会议是一个成功的开放对话实例。通过家庭会议，父母与孩子之间建立了平等的沟通平台，每个人都有机会表达自己的观点和感受。这种对话方式不仅有助于解决问题，还能增进亲子间的理解和信任，为营造温馨的家庭港湾提供了有力的支持。

　　爱迪生是著名的发明家，他的成功离不开母亲的支持和鼓励。在爱迪生小的时候，他就对科学充满了浓厚的兴趣，经常在家里进行一些小实验。然而，这些实验时常会给家里带来一些麻烦，比如弄脏地板、烧坏衣服等。

　　对于爱迪生的这些行为，他的母亲并没有严厉责备他，而是选择与他进行开放的对话。她鼓励爱迪生继续探索科学，同时引导他注意安全和卫生。在母亲的鼓励和支持下，爱迪生逐渐成长为一名伟大的发明家。

　　爱迪生与母亲的故事，展示了名人家庭中开放的对话氛围。爱迪生的母亲以平等、尊重的态度与爱迪生沟通，鼓励他追求自己的兴趣，并给予他适当的引导和支持。这种对话方式不仅有助于培养爱迪生的创造力和独立思考能力，还为他未来的成功奠定了坚实的基础。

建立开放对话的重要性和做法

　　父母与孩子建立开放的对话在营造温馨家庭港湾中具有举足轻重的地位。

　　1. 重要性

　　增进理解与信任：开放的对话能够让父母更深入地了解孩子的想法和需求，从而给予孩子更精准的支持和关爱。同时，孩子也能感受到父母的关心和理解，

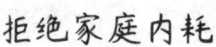

进而更加信任父母，愿意敞开心扉。

促进孩子健康成长：当孩子感受到自己的声音被听见、被尊重时，他们会更加自信、开朗。这种积极的心理状态有助于孩子形成健康的性格和人格，为他们的未来发展打下了坚实的基础。

培养沟通能力与解决问题的能力：通过开放的对话，父母可以引导孩子学会用语言来解决问题，培养他们的沟通能力和自信心。这对孩子未来的学习和生活都将产生深远的影响。

2. 做法

平等尊重：父母应放下架子，以平等、尊重的态度与孩子沟通。这意味着父母要给予孩子充分的话语权，让他们有机会表达自己的观点和感受。

耐心倾听：当孩子分享自己的想法和经历时，父母要耐心倾听，不要急于打断孩子的表述或给出结论。这样可以让孩子感受到自己的声音被重视，从而更愿意与父母交流。

引导与鼓励：在对话过程中，父母要引导孩子分析问题，并一起探讨解决方案。同时，要给予孩子充分的鼓励和支持，让他们勇敢地面对困难和挑战。

定期举行家庭会议：可以借鉴李家的做法，定期举行家庭会议。这是一个很好的机会，让每个人都有机会发言，分享自己的经历和感受。这样的会议有助于增进亲子关系，营造温馨的家庭氛围。

在家庭教育的道路上，父母与孩子之间的开放对话是通往温馨港湾的桥梁。让我们以平等、尊重为基石，以耐心、倾听为桥梁，共同创造一个充满爱与理解的家庭环境。让对话成为家庭中最美妙的旋律，让理解与信任在亲子之间流淌。通过开放的对话，我们可以更好地了解孩子的内心世界，引导他们健康地成长；同时也能让孩子感受到家庭的温暖和支持，为他们的未来发展提供无限的动力。

在孩子成长过程中保持陪伴

在孩子的成长过程中，父母的陪伴是至关重要的。它不仅能为孩子提供情感上的支持，还能促进孩子的认知、情感和社会性的全面发展。父母的陪伴能让孩子感受到被爱、被关注，从而培养出健康的人格和积极的心理状态。同时，父母的引导和教育也能帮助孩子形成正确的价值观和人生观，为他们未来的发展奠定坚实的基础。

陪伴是孩子成长过程中不可或缺的一部分。它不仅仅意味着父母陪在孩子身边，更意味着父母要积极地参与孩子的生活，与他们共同成长。通过陪伴，父母可以深入了解孩子的需求和想法，并及时给予关爱和支持；孩子也能在父母的陪伴下，更加自信、勇敢地面对生活中的挑战。

张家有一个可爱的儿子叫小杰，自从他出生后，父母就决定每天陪他进行亲子阅读。无论工作多忙，他们都会抽出一些时间，与小杰一起沉浸在书的世界里。

有一天，小杰在读一本关于勇气的故事书时，遇到了一个不懂的词语。他抬

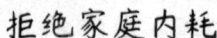

起头看向父母，眼神中充满了求知的欲望。父母耐心地为他解释，并引导他思考故事中的深层含义。在这个过程中，小杰不仅学到了新知识，还感受到了父母的关爱和陪伴。

随着时间的推移，小杰逐渐爱上了阅读，他的知识面和想象力都得到了极大的提升。更重要的是，他与父母之间的关系更加亲密，他们共同度过了许多温馨的阅读时光。

这个事例说明了父母的陪伴对孩子成长的重要性。通过亲子阅读，父母不仅可以传授知识，还能增加与孩子之间的情感交流，为他们营造一个温馨的港湾。

居里夫人是著名的科学家，她的成就离不开父母的陪伴和支持。在居里夫人小的时候，她就对科学充满了浓厚的兴趣。她的父母并没有因为她是女孩儿就阻止她追求科学梦想，反而给予了她充分的鼓励和支持。

居里夫人的父母经常与她一起探讨科学问题，引导她进行实验和研究。在他们的陪伴下，居里夫人逐渐成长为一名杰出的科学家，为人类的进步做出了巨大的贡献。

这个事例说明了名人家庭中父母的陪伴对孩子成长的重要性。居里夫人的父母以开放、包容的态度支持居里夫人的科学梦想，并陪伴她走过了一段艰难的科学之路。这种陪伴不仅让居里夫人感受到了家庭的温暖和支持，还激发了她对科学的热爱和追求。

陪伴孩子成长的重要性及方法

1. 重要性

（1）情感支持与安全感的建立：父母的陪伴是孩子情感发展的基石。它不仅能够满足孩子对爱与关怀的基本需求，还能够让他们感受到安全感。这种安全感是孩子探索世界、尝试新事物时不可或缺的勇气来源。

（2）认知与学习能力的发展：父母的陪伴对孩子的认知发展具有深远影响。通过与父母的互动，孩子能够学习到新知识，培养好奇心和求知欲。同时，父母的引导和教育方式也会影响孩子的学习方法和思维能力。

（3）社会性与道德观念的塑造：在父母的陪伴下，孩子能够更好地学习如何与人相处，理解并遵守社会规范。父母的言传身教是孩子形成良好道德观念和行为习惯的重要途径。

（4）心理健康的维护：父母的陪伴有助于孩子建立积极的自我认同，减少焦虑和抑郁等心理问题。在遇到困难时，有父母支持的孩子更容易克服困难，保持心理健康。

2. 方法

（1）设定固定的家庭时间：设定固定的家庭时间，如晚餐时间、周末活动时间等，确保父母与孩子有足够的时间相处。这些时光可以用来进行亲子阅读、游戏、户外活动等，增进彼此的感情。

（2）积极参与孩子的生活：父母应关注孩子的兴趣和活动，积极参与其中。无论是学校的家长会、孩子的课外活动，还是他们的朋友圈子，父母都应尽量融入，以便更全面地了解孩子的生活。

（3）有效沟通：保持与孩子的开放沟通，倾听他们的想法和感受。父母应鼓励孩子表达自己的观点，同时给予积极的反馈和指导。有效的沟通有助于建立信任和理解。

（4）共同学习与成长：父母可以与孩子一起探索新知识，共同学习新技能。这种共同成长的经历不仅能够增进亲子关系，还能够激发孩子的学习兴趣和创造力。

（5）树立榜样：父母应通过自己的行为为孩子树立榜样。无论是工作态度、人际交往还是道德观念，父母都应展现出积极、正面的形象，以引导孩子形成良好的行为习惯和价值观。

综上所述，父母在孩子成长过程中的陪伴具有不可替代的重要性。通过设定固定的家庭时间、积极参与孩子的生活、有效沟通、共同学习与成长以及树立榜样等方法，父母可以为孩子提供一个充满爱与支持的成长环境，帮助孩子健康、快乐地成长。

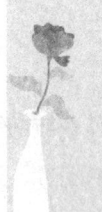

智慧谏言

在孩子的成长过程中，父母的陪伴如同一盏明灯，能够照亮孩子前行的道路。让我们珍惜与孩子相处的每一刻，用爱和陪伴为孩子营造一个温馨的港湾。通过亲子阅读、共同探索等方式，我们可以增进与孩子之间的情感交流，促进他们的全面发展。同时，我们也要尊重孩子的个性和需求，给予他们适当的引导和支持，使他们成长为独立、自信的人。让我们与孩子携手共进，共同创造一个美好的未来。

向孩子传递积极的价值观

　　家庭作为孩子成长的摇篮，不仅是他们生活学习的场所，更是塑造他们价值观的重要阵地。父母作为孩子的第一任老师，他们的言行举止深深地影响着孩子的价值观。父母向孩子传递积极的价值观，不仅能够帮助他们建立正确的人生导向，还能够培养他们的道德情操和社会责任感，为他们未来的成长和发展奠定坚实的基础。

　　积极的价值观，如诚信、善良、勇敢、坚持等，是孩子成长道路上的明灯，指引他们走向正确的人生方向。父母应通过言传身教，将这些积极的价值观融入孩子的日常生活中，让他们在潜移默化中受到影响，从而形成良好的品德和行为习惯。

　　曾子是春秋时期鲁国著名的思想家、教育家，也是孔子的学生之一。他以高尚的品德和严谨的治学态度著称，尤其是在诚信方面，为后世树立了榜样。

　　据《韩非子·外储说左上》等古籍记载，有一次，曾子的妻子要去集市，她的孩子也吵着要去。为了安抚孩子，妻子随口说："你在家好好玩，等妈妈回来，就把家里的猪杀了煮肉给你吃。"孩子听了很高兴，不再吵着要去集市。然而，妻子从集市回来后，却忘记了自己的承诺。

曾子得知此事后，却认真对待起这个承诺来。他认为，虽然这只是妻子为了安抚孩子而说的玩笑话，但作为父母不能欺骗孩子，因为孩子会模仿父母的行为。如果父母不守信用，孩子就会学会欺骗。于是，曾子真的把家里的猪杀了，给孩子煮肉吃。

这一行为不仅让孩子感受到了父母的诚信，也让周围的人对曾子的品德更加敬佩。

曾子用自己的行动诠释了"言必信，行必果"的诚信原则，也为后世留下了宝贵的教育启示。

海伦·凯勒是一位著名的残障教育家和作家，她在幼年时因病失去了视力和听力。然而，她的父母并没有放弃她，而是用爱和耐心教导她，向她传递勇敢和坚持的价值观。在父母的引导下，海伦学会了读书写字，甚至成了一名优秀的教育家和作家，为世界做出了杰出的贡献。

海伦·凯勒的故事告诉我们，父母在孩子面对困难和挑战时，向他们传递勇敢和坚持的价值观有多么重要。正是这些积极的价值观，让海伦在逆境中不屈不挠，最终实现了自己的人生价值。

父母的爱和支持，以及他们对孩子传递的积极价值观，是海伦成功的重要因素。

向孩子传递积极价值观的重要性和办法

父母在孩子的成长过程中，向孩子传递积极价值观的重要性不言而喻。这些价值观不仅能够帮助孩子确立正确的人生导向，还能够培养他们的道德情操和社会责任感。为了实践这一理念，父母应做到以下几点：首先，以身作则，以自己的言行举止为孩子树立榜样；其次，注重孩子的品德教育，将积极的价值观融入日常生活中；最后，给予孩子充分的关爱和支持，让他们在爱的氛围中茁壮成长。

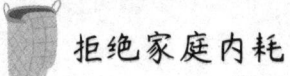

智慧寄言

在家庭教育的广阔天地里，父母是孩子成长道路上的引路人。让我们以爱为舟，以积极价值观为帆，引领孩子驶向光明的未来。让诚信、善良、勇敢、坚持等积极价值观成为孩子心灵的灯塔，照亮他们前行的道路。在爱的滋养下，孩子将茁壮成长，成为社会的栋梁之材，为世界的和谐与美好贡献自己的力量。